Inhalt

Pocket Power

Hendrik Backerra
Christian Malorny
Wolfgang Schwarz

Kreativitätstechniken

Kreative Prozesse anstoßen
Innovationen fördern
Die K7

2. Auflage

HANSER

1 Einleitung

1.1 Kreativität führt zur Innovation

„Ihre Kreativität ist verkümmert,
also ganz normal."
Vera Birkenbihl

Um den Unternehmenserfolg sicherzustellen, müssen Unternehmen innovationsfähig sein. Der Zusammenhang zwischen Kreativität und Innovationsfähigkeit kann folgendermaßen formuliert werden:

Innovationsfähigkeit =
Ideenfindung (Kreativität) +
Ideenrealisierung

Während sich viele Unternehmen mit der Ideenrealisierung, z. B. in Form des Projektmanagements, strukturiert auseinander setzen, findet die Ideenfindung häufig eher zufällig statt. Bisher setzen nur wenige Unternehmen gezielt kreativitätsfördernde Werkzeuge ein.

Kreativitätstechniken stellen eine produktive Möglichkeit dar, Kreativität und damit die Ideenfindung für Innovationen im Unternehmen unter den Mitarbeitern zu fördern. In den letzten Jahrzehnten wurde eine Vielzahl verschiedener Kreativitätstechniken entwickelt. Sie stammen hauptsächlich aus den USA und verschiedenen europäischen Ländern. Dennoch finden sie im unternehmerischen Alltag bisher nur vereinzelt Verbreitung.

1.2 Aufbau des Buches

Der erste Teil erläutert verschiedene Grundlagen zur Kreativität, die für einen gezielten Umgang mit ihr im Unternehmen zweckmäßig scheinen.

Der zweite Teil beschäftigt sich mit den praktischen Werkzeugen, die Kreativität im Unternehmen fördern können. In Anlehnung an die Sieben Qualitätswerkzeuge (Q7) und die Sieben Managementwerkzeuge (M7) – siehe Pocket Power „Qualitätstechniken" – werden Sieben Kreativitätswerkzeuge (K7) und zwei „Klassiker" erläutert, mit denen Kreativitäts- und Innovationsprobleme im Unternehmen gelöst werden können. Die Auswahl der K7 wurde von einer Arbeitsgruppe am Fachgebiet Qualitätswissenschaft der TU Berlin mit der Zielrichtung vorgenommen, dass jedes der Werkzeuge andere Fähigkeiten unterstützt. Dabei sind die Werkzeuge selbst keineswegs neu. Neu ist die Beschränkung auf sieben Werkzeuge sowie ihr Zusammenwirken.

Der Einsatz der Werkzeuge hat sich in der Praxis als erfolgreich herausgestellt. Dabei zeigte sich, dass von der Anwendung der K7 wichtige Impulse für die Förderung der Kreativität von Mitarbeitern ausgehen. Die Vorstellung der Kreativitätswerkzeuge erfolgt anwendungsorientiert: Jedes Kreativitätswerkzeug wird durch die Unterpunkte „Worum geht es?", „Was bringt es?" und „Wie gehe ich vor?" erklärt. Tipps, Hindernisse, Variationen und Vertiefungen geben gezielte Hilfe zur Anwendung.

Verwendete Symbole:  Tipps

 Hürden

2 Grundlagen zur Kreativität

2.1 Ausgangssituation

Bei jedem Menschen nimmt die vorhandene natürliche Kreativität mit zunehmendem Alter und dem Absolvieren bestimmter Bildungsstufen ab – wenn sie nicht trainiert wird (Bild 1).

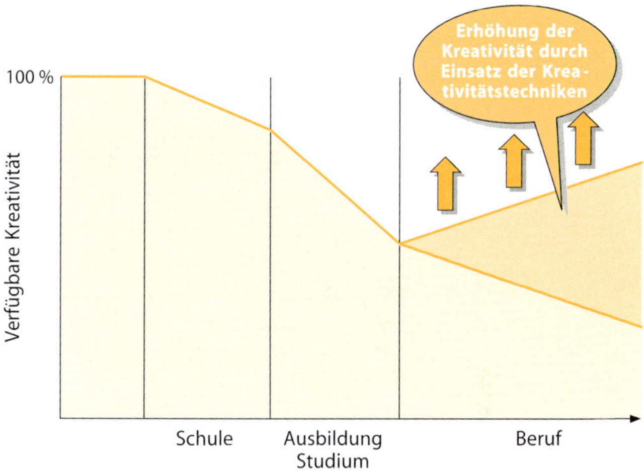

Bild 1: *Kreativitätsentwicklung beim Menschen*

Quelle: Linde, H.-J.: Erfolgreich erfinden: Widerspruchsorientierte Innovationsstrategie für Entwickler, Darmstadt 1993.

Jede Form von Bildung und Arbeit in Organisationen ist also offensichtlich auch eine „Verbildung“ im Bereich Kreativität – ein Faktor, der sich negativ auf die Innovationskraft von Unternehmen auswirken kann.

2.2 Begriff

Kreativität galt lange als ein Phänomen, das zwar beobachtbar, aber nicht beeinflussbar war. „Der göttliche Funke" oder die „Eingebung einer Muse" traf ein schöpferisches Genie – aber kaum einen normalen Menschen. Heute ist erwiesen, dass die geistigen Grundstrukturen der Kreativität bei jedem Menschen vorhanden sind, sie aber unterschiedlich stark genutzt werden. Kreativität ist ein vielfältiger Begriff:

- Zum einen bedeutet Kreativität die Fähigkeit, neue nützliche Ideen als Reaktion auf Probleme oder Bedürfnisse hervorzubringen.
- Zum anderen bedeutet kreatives Denken das Ausbrechen aus verfestigten Denkstrukturen. Dabei ist eine kreative Leistung eine Neukombination von bekanntem Wissen.

Kreativität ist in Forschung und Praxis längst nicht mehr nur dem Bereich der Künstler zugeordnet, sondern bezeichnet eine Strategie zur erfolgreichen Umweltbewältigung durch Problemlösungen (Bild 2).

Schlicksupp, einer der bekanntesten Kreativitätsforscher, definiert Kreativität als

„die hervorragende Denkfähigkeit zur Lösung schlecht strukturierter und schlecht definierter Probleme wie Such-, Analyse- und Auswahlprobleme."

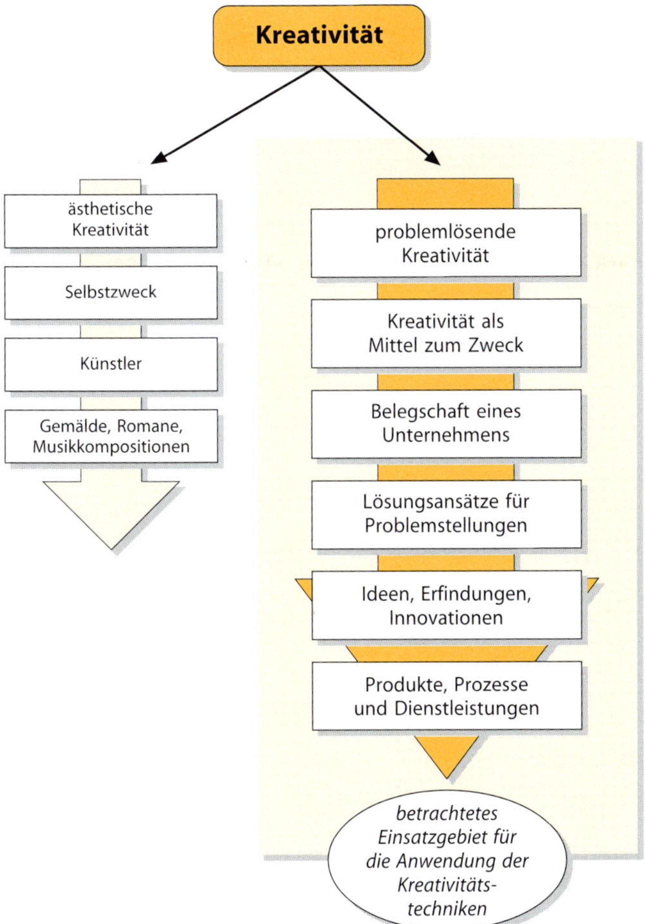

Bild 2: *Formen von Kreativität*

Quelle: Nütten, I.: Die anonymen Kreativen, Wiesbaden 1988.

Die Kreativitätsforschung entstand in den 60er-Jahren in den USA, u. a. als Folge des „Sputnik-Schocks". Es entwickelte sich eine anwendungsorientierte Kreativitätsforschung, welche die vier Bereiche

- kreative Person,
- kreativer Prozess,
- kreatives Umfeld und
- kreatives Produkt

betrachtet (Bild 3).

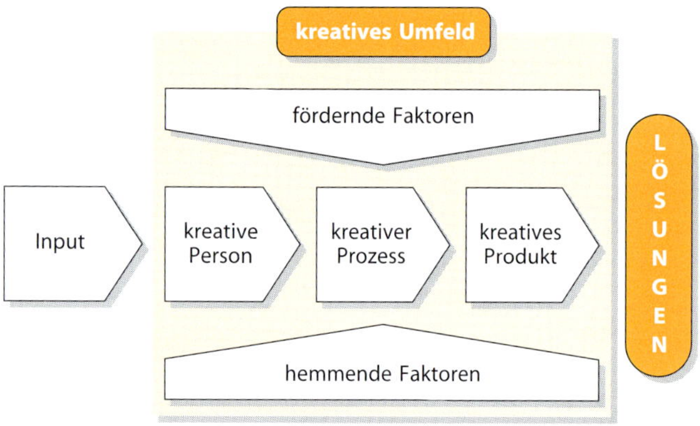

Bild 3: *Einflussfaktoren der Kreativität*

Quelle: Knieß, M.: Kreatives Arbeiten, München 1995.

Wichtige Ergebnisse aus diesen vier Bereichen werden im Folgenden dargestellt. Besonders Moderatoren, die kreative Kleingruppen leiten, sollten die Ergebnisse als Basis für ihre Arbeit nutzen.

2.3 Kreativität und Gehirnforschung

Um Kreativität gezielt zu fördern, sind Kenntnisse über die Arbeitsweise des menschlichen Gehirns notwendig.

Das menschliche Gehirn besteht aus einer linken und rechten Hemisphäre, die mit einem 200 Millionen Nervenfasern dicken „Balken“, dem Corpus Callosum, verbunden sind (Bild 4). Beide Gehirnhälften führen ein voneinander unabhängiges „Dasein“.

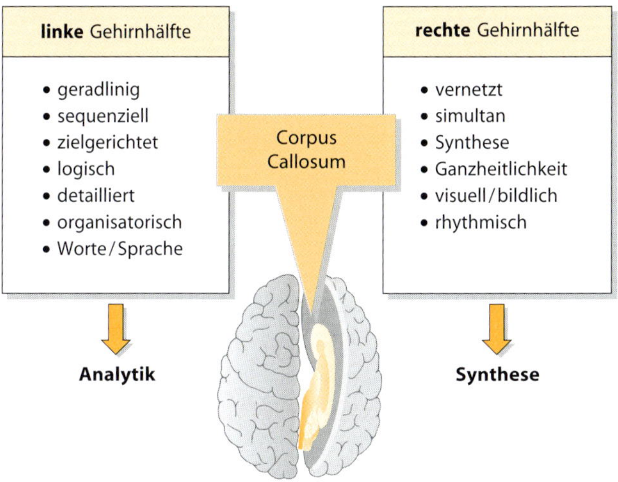

Bild 4: *Das menschliche Gehirn und seine Funktionen*

Quelle: Kirckhoff, M.: Mind-Mapping: die Synthese von sprachlichem und bildhaftem Denken, Berlin 1990.

Beide Gehirnhälften arbeiten in unterschiedlicher Weise und erfüllen verschiedene Aufgaben. Die linke Hemisphäre ist zuständig für das sog. „digitale Denken“, das die Fähigkeit, analytische Tätigkeiten auszuführen, unterstützt. Dort werden Informationen sequenziell abgearbeitet mit relativ geringer Geschwindigkeit. In ihr ist das logische Denken verwurzelt, die Fähigkeit zu organisieren sowie zu planen – sie besitzt ein Zeitgefühl. Sie ist verantwortlich für die Aufnahme und Verarbeitung von Details und deren Analyse.

In der rechtsseitigen Hemisphäre werden visuelle Bilder verarbeitet. Es handelt sich um das sog. „analoge Denken", das die Fähigkeit, kreativ zu sein, unterstützt. Informationen werden simultan und im Gegensatz zur linken Hemisphäre schnell verarbeitet, ohne Zeitbezug, dafür aber räumlich. Dort wird für den Gesamtüberblick und die Synthese aller aufgenommenen Daten und Erfahrungen gesorgt. Die Körpersprache und das Gedächtnis für Erlebnisse, Sachen und Personen sitzen in der rechten Hemisphäre. Die rechte Gehirnseite versorgt uns mit Ideen und kreativen Impulsen.

Das Corpus Callosum sorgt für die Übermittlung der Daten zwischen beiden Gehirnhälften. Hier kommt es zu einer Koordination beider Hemisphären.

Kreativität entsteht durch die gemeinsame Nutzung der analytischen Fähigkeiten des linken Gehirns und der Synthesefähigkeiten des rechten Gehirns.

Beispiel für die unterschiedliche Verarbeitungsgeschwindigkeit der beiden Hemisphären:

- Sie treffen auf der Straße einen alten Bekannten, den Sie seit Jahren nicht gesehen haben. Er ist fülliger geworden und grauhaarig. Leider fällt Ihnen der Name des Bekannten nicht gleich ein. Das simultan arbeitende rechte Gehirn erkennt sofort diesen Bekannten, obwohl die Bildinformation durch die Veränderung recht unzureichend ist. Die für den Namen zuständige linke Gehirnhälfte braucht in der sequenziellen Weise wesentlich länger, bis sie darauf kommt, dass er Helmut heißt.

Bei allen menschlichen Aktivitäten sind immer beide Hemisphären beteiligt, wobei der Mensch die linke Gehirnhälfte in unserer durch einen regelmäßigen Rhythmus geprägten Umwelt sehr viel stärker einsetzt als die rechte. Auch im üblichen unternehmerischen Arbeitsalltag wird die Arbeitsweise des linken Gehirns überbetont, was besonders für Routinetätigkeiten gilt. Sollen neue Aufgaben bewältigt, neue Ideen generiert werden, dann sind die Fähigkeiten der rechten Gehirnhälfte maßgebend. Durch die umfeldbedingte Überbetonung linkshirniger Tätigkeiten wird aber auch in diesen Fällen die rechte Hemisphäre kaum eingesetzt, da diese häufig wenig trainiert ist. Die Lösung von Problemen wird daher in vielen Fällen rational und logisch „linkshirnig" gesucht, wenn nicht in entsprechenden Fällen bewusst gelernt wurde, die rechte Gehirnhälfte einzusetzen.

Für die Anwendung in der Praxis haben diese Erkenntnisse große Relevanz. Kreative Aufgaben und unlösbar erscheinende Probleme sollten nicht mit den gleichen „geistigen Werkzeugen" bearbeitet werden, wie sie bei Routinetätigkeiten zum Einsatz kommen.

Die Sieben Kreativitätswerkzeuge (K7) bieten eine gute Möglichkeit, sowohl die rechte Gehirnhälfte als auch das Zusammenspiel beider Gehirnhälften zu stimulieren.

2.4 Kreativität und der Einfluss von Stress

Ein wichtiger Einflussfaktor auf die menschliche Kreativität ist der Grad der Entspanntheit und des Stresses.

Man unterscheidet zwischen

- **Eustress,** das ist „gesunder Stress", und
- **Distress,** dem „krank machenden Stress".

Stress bezeichnet den Zustand, in dem sich eine Person befindet, die Ursache ist der Stressor.

Was für Menschen ein Stressor ist und wie stark sich Stress auswirkt, hängt von der persönlichen Veranlagung und den Erfahrungen mit bestimmten Situationen ab.

Was passiert bei Stress? Stress ist ein in unserem genetischen Code festgelegtes Programm, das früheren Entwicklungsstufen entstammt. Sinn der Stressreaktion ist ursprünglich die Lebenserhaltung durch einen reflexhaften Angriffs- oder Fluchtmechanismus. Unser Organismus reagiert auf Gefahr durch Hormonausschüttung mit einer augenblicklichen Denkblockade (um ein Zaudern und Zögern zu vermeiden, was bei der Flucht vor einem Feind hätte tödlich sein können) und einer hohen Energiefreisetzung.

Innerhalb kürzester Zeit ist der Mensch kampf- oder fluchtbereit – Eigenschaften, die ihm in unserer Zivilisation heute kaum nutzen, eher sogar schaden, denn die frei gewordenen Energien richten sich z. B. bei Dauerstress oft gegen den eigenen Körper und dessen Gesundheit.

Stress blockiert das kreative Denken und verhindert so das Finden einer angemessenen Lösung für die sich ständig ändernden Probleme im Alltag eines Unternehmens.

Beispiel:

- Ein Problem wird erkannt und unter Stress nach einer raschen Lösung gesucht. Eine Lösung wird jedoch nicht sofort gefunden. Die mögliche Folge: Aufregung und eine meist hektische, unüberlegte Reaktion unter noch größerem Druck; das Problem wird nicht nachhaltig gelöst.

Die Blockierung findet meistens nicht schlagartig, sondern als schleichende Perspektivenverengung statt. Der geistige Blickwinkel für das Problem und die Problemdurchdringung verringert sich – für den betroffenen Menschen meist unbemerkt.

Daraus folgt:

- Ein gestresster Mensch kann nur sehr begrenzt innovative, kreative Lösungen erbringen. Werden kreative Höchstleistungen aber von ihm verlangt, kommt es z. B. bei Problemstellungen nicht zu tief gehenden, tatsächlich neuartigen Lösungen – die Ergebnisse werden für einen dauerhaften Erfolg meist nicht ausreichend sein. Kreativität kann nur dann erwartet werden, wenn ein entspannter Zustand herrscht. Um dies zu erreichen, muss in Bezug auf den Menschen auf zwei Ebenen angesetzt werden: beim Unternehmensumfeld einerseits und bei der persönlichen Stressbewältigung einer Person selbst andererseits. Die folgenden grundsätzlichen Tipps für kreative Sitzungen sollten berücksichtigt werden.

Tipps für ein kreatives Unternehmensumfeld:

- Vermeiden Sie zu hastig anberaumte Kreativsitzungen. Eine überlegte Planung von neuen Produkten und Prozessen verbessert die Chance auf tatsächlich neue und kreative Ideen.
- Kreativsitzungen sollten in einer möglichst entspannten, von den Alltagssorgen geschützten Umgebung stattfinden.
- Wichtige Sitzungen sollten von einem Moderator in einer positiven und spielerischen Weise geleitet werden. Kritische Beziehungen zwischen den Teilnehmern können große Stresspotenziale bergen und zu Kollisionen zwischen den Teilnehmern führen, die durch den Einsatz von Moderationstechniken verhindert werden können (siehe Pocket Power „Moderationstechniken").

Tipps für die persönliche Stressbewältigung:

Es gibt verschiedene Möglichkeiten zur persönlichen Stressbewältigung.

- Nützlich sind die vielfältigen Formen des autogenen Trainings und der Atemtherapie. Diese Techniken setzen an der vegetativen Verhaltensebene an.
- Entspannungsübungen wie die verschiedenen Meditationsarten und positive Selbstgespräche, bei denen die Personen ihre Wahrnehmung auf positive Gedanken lenken, helfen, in angespannten Situationen gedanklich Abstand zu gewinnen und die Kräfte zu sammeln.
- Zur Muskelentspannung und -lockerung sind Übungen wie z. B. leichte Gymnastik zu empfehlen.
- Verschiedene asiatische Entspannungstechniken wie z. B. die zahlreichen Yoga-Formen wirken auf verschiedenen Ebenen. Durch die Anwendung dieser Methoden verringert sich der Stress, der Körper beruhigt sich und mögliche Denkblockaden im Gehirn lockern sich. (Zusätzliche Wirkun-

gen sind bei regelmäßiger Anwendung die Erhöhung der Belastbarkeit und der Abbau bereits bestehender Beschwerden.)

Entspannung ist eine erlernbare Fertigkeit, die sich durch regelmäßiges Training verfeinern lässt.

2.5 Was macht kreative Menschen aus?

Die Kreativitätsforscher *Nütten* und *Sauermann* haben elf Fähigkeiten unterschieden, die kreative Menschen ausmachen. Sie sind allgemein anerkannt und können als Orientierungshilfe herangezogen werden, um ein kreatives Team für eine Problemlösung zusammenzustellen.

Divergentes Denken

Man gibt sich nicht mit einer Lösung zufrieden, sondern sucht parallel nach mehreren neuen Wegen. *Aufgabenbeispiel:* Sie werden auf eine unbewohnte Insel verbannt. Welche fünf Gegenstände nehmen Sie außer Ihrer Kleidung mit?

Unkonventionelles Denken

Man spürt keine Furcht vor neuen Ideen, sondern sieht in Neuerungen die Chance. *Aufgabenbeispiel:* Was kann man mit einem bestimmten Gegenstand (z. B. Reißzwecke oder Büroklammer) alles anfangen?

Gedankenflüssigkeit

Hier ist der Einfallsreichtum einer Person angesprochen. *Aufgabenbeispiel:* Begründen Sie in möglichst wenigen Sätzen, warum Kreativitätstraining Schulfach werden sollte.

Originalität

Eine Person entwickelt ungewöhnliche Ideen. *Aufgabenbeispiel:* Welche drei Maschinen, die es noch nicht gibt, sollten erfunden werden?

Aufspüren von Problemen

Chancen werden frühzeitig erkannt. *Aufgabenbeispiel:* Einem Mitarbeiter wird z. B. die Aufgabe gestellt, eine Produkteinführung zu planen. Er selbst muss entscheiden, welche Informationen er braucht und abfragt.

Ausarbeitung

Bedeutet das exakte Ausarbeiten von Wissen. *Aufgabenbeispiel:* Eine Zeichnung mit unvollständigen Elementen wird vorgelegt. Diese vage Darstellung soll vervollständigt werden.

Reicher Wortschatz

Man kann Dinge auf verschiedene Weise umschreiben. *Aufgabenbeispiel:* Der Hausmeister soll von der Notwendigkeit überzeugt werden, dass weiches Toilettenpapier angeschafft werden sollte.

Konzentrationsfähigkeit

Man kann sich einer Aufgabenstellung aufmerksam widmen. *Aufgabenbeispiel:* Aus Zeilen gleicher Zeichen soll jedes dritte Zeichen durchgestrichen werden. Das Zeitlimit der 14 Zeilen mit je 47 Zeichen beträgt maximal 20 Sekunden.

Redefinition

Redefinition bzw. Abstraktionsfähigkeit bedeutet, dass ausgehend von einer Fragestellung diese so lange verändert und ersetzt wird, bis der Kern des Problems gefunden worden ist. Wesentliche Merkmale können von den unwesentlichen getrennt werden. *Aufgabenbeispiel:* Einer Person werden zwei Begriffe vorgegeben. Nun soll sie einen Zusammenhang zwischen den Begriffen herstellen.

Realitätskontrolle

Lösungsvorschläge können kritisch geprüft werden, ob sie wirklich zum erwünschten Ziel führen. *Aufgabenbeispiel:* Eine kurze Kriminalstory wird vorgelegt, aus der durch Analyse der Aussagen aller Beteiligten der Täter ermittelt werden soll.

Organisationsfähigkeit

Die Person erreicht durch gute Planung und konsequente Durchführung die Realisierung von Zielen. *Aufgabenbeispiel:* Ein Stadtplan wird vorgelegt, in dem die Lage einiger Geschäfte angegeben ist. Die Aufgabe besteht darin, die günstigste Route zur Belieferung der Geschäfte zu ermitteln.

Kreatives Denken ist erlernbar und kann bei jeder Person gefördert werden. Die im zweiten Teil dieses Buches vorgestellten Techniken verstärken das kreative Denken.

2.6 Was ist kreatives Denken?

Um zu verstehen, wann und wie ein Mensch kreativ denkt, sollte man sich mit den allgemeinen Fähigkeiten des Gehirns auseinander setzen. Drei Dimensionen des Denkens lassen sich unterscheiden (Bild 5).

- Denkoperationen
- Denkinhalte
- Denkprodukte

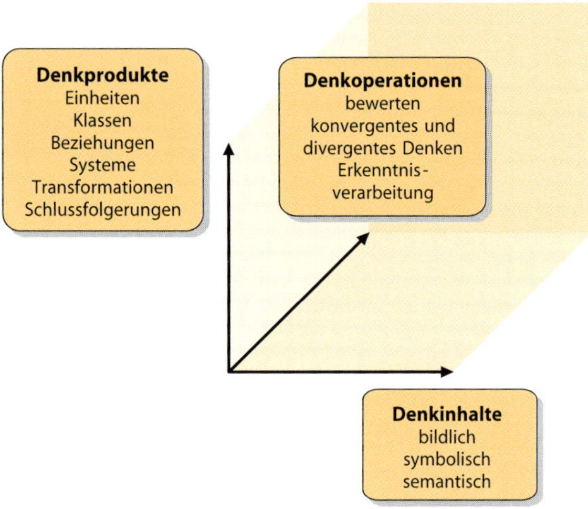

Bild 5: *Dimensionen des Denkens*

Quelle: Ulmann, G.: Kreativität – Neue amerikanische Ansätze zur Erweiterung des Intelligenzkonzeptes, Weinheim 1968.

2.6.1 Denkoperationen

Denkoperationen stellen die eigentliche Tätigkeit des Denkens dar. Denkoperationen haben eine unterschiedliche Ausprägung. Das gilt sowohl für die verschiedenen Arten der Denkoperationen als auch für ihre Intensität.

Beispiel Denkoperation „Bewerten“:

Das „Bewerten“ eines Problems kann für das Finden kreativer Ideen hinderlich sein, da eine sofortige Bewertung der neuen Ideen diese disqualifizieren kann, ohne dass über deren Wert näher nachgedacht wird.

Um kreativ zu arbeiten, sollten die Phase der Ideengenerierung und die Phase des Bewertens (Kritisierens) zeitlich getrennt werden. Darauf wird bei der Anwendung der Kreativitätswerkzeuge geachtet.

Weitere Denkoperationen sind das *konvergente* und *divergente Denken*. Konvergentes Denken kann als die systematische Ausarbeitung einer vorgegebenen Idee beschrieben werden. Beim divergenten Denken werden neue Ideen produziert.

Wichtig:
Auch diese Denkoperationen sind bewusst einzusetzen und zeitlich voneinander zu trennen. Bild 6 ordnet konvergentes und divergentes Denken dem Zeitverlauf der Problemlösung zu.

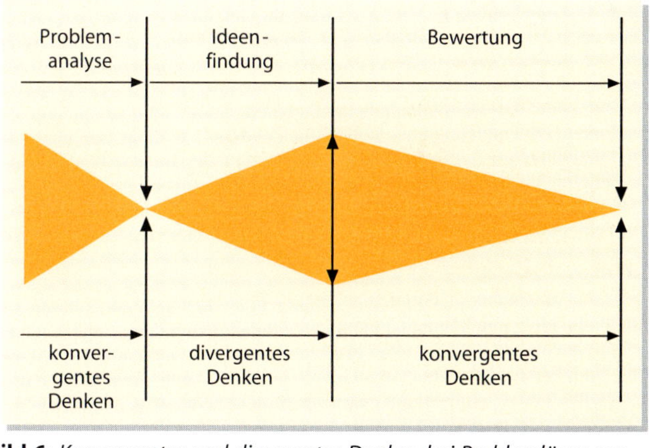

Bild 6: *Konvergentes und divergentes Denken bei Problemlösungen*

Quelle: Linneweh, K.: Kreatives Denken, Gitzel, Rheinzabern 1984.

2.6.2 Denkinhalte

Mögliche Denkinhalte teilen sich auf in „bildliche", „semantische" und „symbolische" Inhalte. In der Wirtschaft wird die semantische (sinnbildende) Ebene stark betont. Dies ist bei übersichtlichen Aufgaben und wenig Handlungsspielraum ausreichend. Sollen jedoch kreative Ideen produziert werden, sollten die anderen Bereiche nicht vernachlässigt werden, da in ihnen die potenziellen Lösungen zu finden sind. Die verschiedenen Denkinhalte sind auch verbunden mit der Aktivierung der beiden Gehirnhälften.

Ein Beispiel soll die Bedeutung des bildlichen und symbolischen Denkens für kreative Problemlösungen verdeutlichen:

- *Kekulé* schaffte den Durchbruch in der organischen Chemie, indem er die Struktur des Benzolringes entdeckte. Lange Zeit kamen Wissenschaftler auf keine schlüssige Anordnung der einzelnen Bestandteile des Moleküls. Kekulé träumte nach eigenen Aussagen eines Nachts von Schlangen, die sich in ihre Schwänze bissen und so einen Kreis bildeten. Er tat diesen Traum nicht einfach als Traum ab, sondern sein Bewusstsein war offen für dieses bildliche Symbol. Er übertrug die Kreisstruktur auf sein Grundproblem und legte so den Grundstein für die Benzolchemie.

Das Erkennen einer verborgenen Beziehung ist für kreatives Problemlösen wichtig. Der Begriff *Bisoziation* drückt das Phänomen aus, dass man zwischen zwei scheinbar nicht verwandten Elementen des Wissens eine versteckte Beziehung findet.

2.6.3 Denkprodukte

Der Denkprozess erkennt Einheiten, bildet Klassen, knüpft Beziehungen, formt Systeme – die Denkprodukte. Bedeutend ist, dass Menschen dazu tendieren, Ordnungskriterien zu schaffen, um die Vielfältigkeit der Umwelteinflüsse zu bewältigen. Das Ergebnis ist ein „Bild der Umwelt". Durch einen Automatismus ergibt sich dabei vielfach die Ansicht, dass das entstandene Weltbild real – das einzig Mögliche – sei. Dieses Bild von der Realität kann die Sicht auf die Lösung für ein Problem verstellen. Wenn das Ziel lautet, neue Ideen und Lösungen zu produzieren, gilt es, sich diesen Automatismus bewusst zu machen und die Wahrnehmungsmuster gezielt zu verändern.

Wichtig:
Das Gewohnte in Frage zu stellen ist eine wichtige Quelle für kreatives Handeln.

2.6.4 Blockaden überwinden

Dem kreativen Denken sind zahlreiche Blockaden in den Weg gelegt. Die wichtigsten im Überblick:

Ratio

Unsere technisch-industriell geprägte Kultur hat die Überbetonung von Intelligenz und Ratio bewirkt. Wir verlangen nach Ursachen, Begründungen und logischen Herleitungen für das, was wir sehen und fühlen. Gerade dies erweist sich als größtes Hindernis für die Kreativität. Fantasie und Intuition gelten als unvernünftig, teilweise kindlich und scheinen den Problemen im Beruf nicht angemessen zu sein. Es wird auf logisch erschließbare Problemlösungen vertraut, die meist zu unbefriedigenden Lösungen führen. Von vornherein werden andere, zu visionär klingende Lösungen ausgeklammert. Sie existieren zwar im Unterbewusstsein, aber der uns selbst auferlegte Zensor lässt sie nicht in das Bewusstsein dringen (Bild 7).

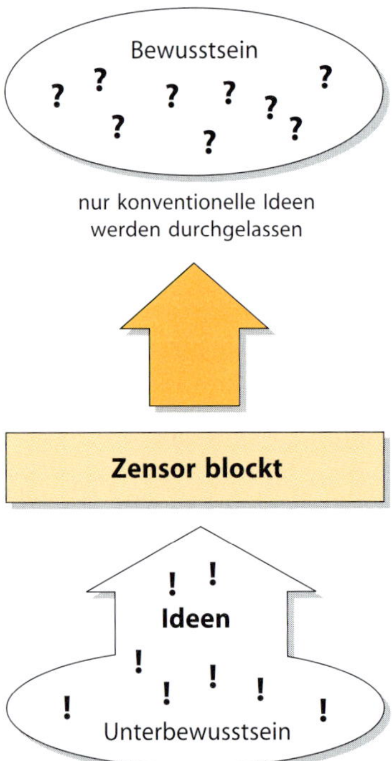

Bild 7: *Kreativitätskiller Zensor*

Quelle: Linneweh, K.: Kreatives Denken, Gitzel, Rheinzabern 1984.

Erfahrungen und Gewohnheiten

Einerseits sind vielseitiges Wissen und Erfahrungen wichtig für das kreative Denken. Andererseits behindert es, wie die daraus entstehenden (Gedanken-)Gewohnheiten uns ein „Soll-Sein“ von Lösungen suggerieren. Der Mensch tendiert dadurch dazu, Erfahrungen und Erkenntnisse in die Zukunft zu extrapolieren.

Da unser Denken meistens auf eine richtige Lösung fixiert ist, ergeben sich starre, lineare Gedankengänge, die sich in Bemerkungen wie „das haben wir schon immer so gemacht“ entladen. Die eine Lösung, die bis heute als richtig erkannt worden ist, wird verteidigt, folglich stellt sich eine Alternative als falsch dar.

Die Dominanz des Materiellen

Die Tatsache, dass eine neue Idee noch nicht realisiert ist, wird schnell zu ihrem Verhängnis: „Wenn die Idee so gut wäre, hätte sie bereits ein anderer umgesetzt“, so die allgemeine Ansicht. Statt pauschaler Vorurteile empfiehlt sich eine unvoreingenommene und sorgfältige Ideenprüfung.

Beharrlichkeit

Zur Durchsetzung innovativer Ideen gehört ein großes Ausmaß an Beharrlichkeit. Derjenige, der auf halbem Wege abbricht und dies als Versagen der kreativen Idee wertet, der kann natürlich nicht mehr das Gegenteil (also den möglichen Erfolg) beweisen. Sein Handeln erzeugt quasi das Ergebnis, das er möglicherweise befürchtet hat. Dieses Phänomen ist als „selbsterfüllende Prophezeiung“ bekannt.

Negative Kritik und ihre Folgen

In der Evolutionsgeschichte mussten ständig sehr schnell Gefahrensignale aus der Umwelt herausgefiltert werden, um das Überleben zu sichern. Rasche Reaktion war nötig: Angriff, Flucht oder Verstecken? Das selektive Wahrnehmen des Negativen ist tief in unserem Unterbewusstsein verankert. Dies wird auch auf die Wertung von neuen Ideen übertragen.

Die negative Kritik ist in der Regel die bei neuen Ideen anzutreffende Sofortreaktion. Obwohl es der Nörgler („Das geht nicht, weil ...") mit seiner Kritik hilfreich meinen kann, hat sie häufig antikreative Konsequenzen. Bei persönlicher Bedrohung wird in der Regel mit Gegenkritik, Aggression, Verteidigungshaltung oder Rückzug reagiert. Dadurch werden Ideen, die mit einer leichten Veränderung nützlich gewesen wären, schnell verworfen – der kreative Prozess bricht ab.

2.7 Der kreative Prozess

Von den zahlreichen Phasenschemata, die zum kreativen Prozess entwickelt wurden, ist das 4-Phasen-Schema das verbreitetste. Es unterteilt den kreativen Prozess in vier grundsätzliche Phasen (Bild 8).

2.7.1 Phase 1: Vorbereitung

Diese Phase beginnt mit dem Bewusstwerden, dass ein Problem existiert. Nach dem Erkennen des Problems folgt eine intensive Analyse. Zusammenhänge müssen transparent gemacht werden, die Person dringt tiefer in die Problemstruktur. Die Aufarbeitung des relevanten Wissens und auch die Entwicklung erster Teillösungen führen in der Regel noch nicht zu einem befriedigenden Ergebnis. Es entsteht der Eindruck, dass dieses Problem nicht oder nur durch weiter gehende Studien zu lösen sei. Problemdruck und Frustrationsgefühle steigen. In dieser Phase wird hauptsächlich das linkshirnige Denken eingesetzt.

Bild 8: *Der kreative Prozess*

Quelle: Schlicksupp, H.: Innovation, Kreativität und Ideenfindung, Würzburg 1992.

2.7.2 Phase 2: Inkubation

Trotz intensiver Problembearbeitung ist keine Lösung in Sicht – im Gegenteil. In dieser Phase bietet es sich an, entspannende Aktivitäten auszuüben, das zu lösende Problem zur Seite zu legen, sich mit etwas anderem zu beschäftigen. Das gelingt nach aller Erfahrung nur teilweise: Das Problem wird an das Unterbewusstsein abgegeben. Die nun im Unterbewusstsein ablaufenden Gedankenprozesse bringen sämtliche Informationen und bisherigen Erkenntnisse über das Problem mit anderweitig gemachten Erfahrungen in Verbindung.

Die rechte Gehirnhemisphäre hat bei diesem Teil des Problemlösungsprozesses einen starken Anteil. Verschiedene Denkinhalte und problemfremde Wissensbereiche werden nach ähnlichen und übertragbaren Mustern durchsucht (siehe hierzu den Abschnitt „Was ist kreatives Denken?“). Diese Prozesse werden in Gang gesetzt, wenn man sich nicht mehr bewusst (und eventuell mit viel Stress und Ängsten) mit dem eigentlichen Problem beschäftigt. Während bei bewussten Denkvorgängen nur etwa sieben Informationseinheiten zur Lösung mit einbezogen werden können, kommt es in dieser Phase durch die simultane und ganzheitliche Nutzung der linken und rechten Hemisphäre des Gehirns zur gleichzeitigen Verarbeitung von zahlreichen Informationen und Daten aller Art. Freilich ist das Ergebnis noch ungewiss.

2.7.3 Phase 3: Erleuchtung

Plötzlich steht die Idee für das Problem, eine intuitive Einsicht, im Raum. Vage, ungefähre Vorstellungen, wie die Lösung des Problems aussehen könnte, ergeben sich in dieser Phase. Die Idee erscheint häufig noch schemenhaft, wenig detailliert, möglicherweise visionär anmutend. Leicht werden solche „Gedankenblitze“ ignoriert sowie rasch wieder vergessen und verworfen. Dabei entstehen die meisten Ideen außerhalb des Arbeitsplatzes, beispielsweise in der Natur, während Freizeitaktivitäten oder beim Autofahren. Man muss also wachsam sein, damit die Lösung nicht wieder verschwindet. Es ist auch möglich, dass die Lösung des Problems geträumt wird, unter Umständen auch verschlüsselt.

2.7.4 Phase 4: Verifikation

Als Erstes sollte eine neue Idee niedergeschrieben werden. Dann beginnt die Überprüfung, ob die Idee den Anforderungen genügt, sie entwicklungsfähig ist. In dieser Phase können die allgemein bekannten Möglichkeiten der Ideenbewertung angewandt werden. Hierfür wird wieder die eher sequenziell, analytisch arbeitende linke Gehirnhälfte genutzt.

Wichtig:
Häufig sind die Entscheidungsprozesse in Unternehmen so strukturiert, dass die erste Phase, die Vorbereitung, und die vierte Phase, die Verifikation, intensiv und strukturiert durchlaufen werden. Die zweite Phase, die Inkubation, sowie die dritte Phase, die Erleuchtung, werden durch die Strukturen im Unternehmen häufig nicht oder zu wenig gefördert.

2.8 Wo bekommen Menschen kreative Einfälle?

Verschiedene Studien zeigen, bei welcher Gelegenheit Mitarbeiter kreative Ideen entwickeln. In Bild 9 sind die Daten einer Untersuchung unter Führungskräften deutscher Unternehmen dargestellt. Das Kernergebnis: 23 % der Ideen kommen den Mitarbeitern in den Räumen der Firma. Dabei werden dort die meisten Ideen in vermeintlich „langweiligen" Sitzungen produziert. In (nur) 1 % der Fälle wurden die Ideen durch Kreativitätstechniken gefördert. Demgegenüber entstehen über 75 % neuer Ideen außerhalb des Unternehmens. Den weitaus größten Anteil haben dabei Situationen in der Natur, die offenbar sehr inspirierend ist.

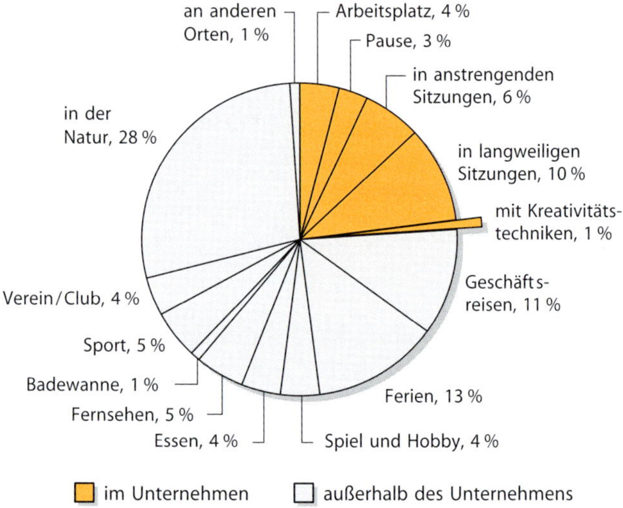

Bild 9: *In welchem Umfeld kommen Führungskräfte auf kreative Ideen?*

Quelle: Manager Magazin: Kinder an die Macht, 4/1993.

Dies klingt im ersten Moment widersprüchlich. Warum sollten Kreativitätswerkzeuge angewendet werden, wenn im Verhältnis zu anderen Orten nur begrenzt Ideen im Unternehmen bzw. in Sitzungen entstehen? Doch hierfür gibt es eine deutliche Erklärung: Den meisten Mitarbeitern sind Kreativitätswerkzeuge nicht bekannt und finden deshalb auch kaum Anwendung.

Untersuchungen, die den Einfluss von Kreativitätswerkzeugen auf die Zahl der verwertbaren Ideen betrachtet haben, kommen zu dem Ergebnis, dass diese signifikant steigen. Der geringe Prozentsatz an Ideen, die während der Arbeitszeit generiert werden, zeigt, dass unsere Unternehmensstrukturen offensichtlich wenig kreativitätsfördernd sind. Zwar wird bei Problemen meistens eine intensive Problemlösungssuche betrieben, aber die reine Problemdurchdringung und -betrachtung bringt nicht immer eine adäquate Lösung hervor. Das Ergebnis: Die Problemursachen werden nicht nachhaltig beseitigt. Das Problem tritt nach einiger Zeit wieder auf.

Erst wenn sich nicht mehr intensiv mit einem Problem befasst und Ablenkung gesucht wird, scheinen Mitarbeiter jene Ruhe und Entspannung zu finden, welche die Inkubations- und Erleuchtungsphase begünstigen (siehe hierzu den Abschnitt „Der kreative Prozess"). Auch die Konfrontation mit neuen Eindrücken kann das Hervorbringen innovativer Ideen begünstigen.

2.9 Der Einfluss der Unternehmensstrukturen

Chancen müssen heute schnell entdeckt, Probleme erfolgreich erkannt und gelöst werden. Es kommt nicht mehr nur darauf an, „die Dinge richtig zu tun", sondern auch „die richtigen Dinge eher zu tun als der Wettbewerber". Dazu ist ein „Prozess des Vorausschauens" notwendig. Dieser erfordert Unternehmensstrukturen, die es den Mitarbeitern ermöglichen, sich eine „grenzenlose, tiefe Neugier" anzueignen, um dann innovativ tätig zu werden.

Dabei kommt der Flexibilität und Kreativität der Mitarbeiter entscheidende Bedeutung zu. Gemessen an der Wahrnehmungsfähigkeit des einzelnen Mitarbeiters, seiner potenziellen Kreativität und seinen Fähigkeiten, wirken

Unternehmen für einen Außenstehenden eher träge. Die Problematik der Schwerfälligkeit von Organisationen kann vereinfachend mit Hilfe des Eisbergprinzips (Bild 10) dargestellt werden.

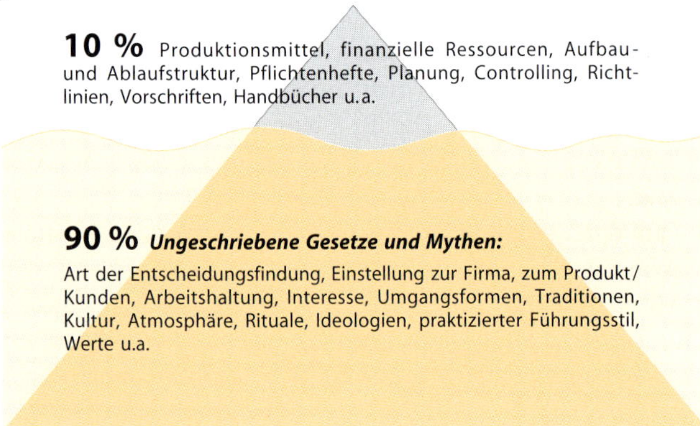

Bild 10: *Das Eisbergprinzip*

Quelle: Schaar, H.: Die Schlanke Unternehmensentwicklung unter den Aspekten des TQM, in: Die Hohe Schule des TQM, hrsg. v. Kamiske, G. F., Berlin 1994.

Unser Verhalten wird bestimmt durch *formale, materielle Aspekte* einerseits sowie durch *ungeschriebene Gesetze und Mythen* andererseits.

Dabei stellen die formalen Aspekte im Unternehmen nur einen kleinen Teil dar. Sie zielen auf nur etwa 10 % der Gesamtkapazität eines Menschen, da nur ein Zehntel des Potenzials dem logisch-rationalen Teil, dem Verstand zugerechnet wird. So wichtig diese Aspekte sind, in vielen Punkten hemmen sie unnötigerweise die Kreativität der Mitarbeiter. Sie verhindern quasi den möglichen Erfolg des Unternehmens. Immerhin ist dieser Bereich aber relativ leicht aufzudecken und somit auch veränderbar.

Komplizierter verhält es sich mit den Aspekten, die im unteren Bereich des Eisberges angesiedelt sind und damit – bildlich gesprochen – unter dem Wasser verborgen sind. Es sind Aspekte wie der vorherrschende Führungs- und Kommunikationsstil, das gelebte Leitbild, die ungeschriebenen Werte der Unternehmenskultur u. Ä. Obwohl sie von außen nicht direkt sichtbar und auch den Mitarbeitern meist nicht bewusst sind, bestimmen sie in großem Maße die Handlungen der Beschäftigten und damit auch ihre Kreativität. Diese Aspekte beeinflussen zu 90 % die Leistungsfähigkeit eines Menschen. Sie zielen auf das Unterbewusstsein, die Gefühle und die Intuition.

Wie die beiden Teilbereiche auf die Kreativität der Mitarbeiter einwirken, zeigt eine Untersuchung von *Schlicksupp*, die zwischen psychologischen und soziologischen Blockaden unterscheidet:

Soziologische Blockaden:

- Zu viele Komitees und Gremien.
- Zu viele Routinearbeiten; wenig Zeit für schöpferische Tätigkeiten.
- Bürokratische Starrheit, viele Vorschriften, strenge Instanzenwege, Anonymität.
- Mangelnde Objektivität durch Interessenkonflikte und Rivalitäten.
- Kritik und Zweifel durch Dritte.
- Wenige Möglichkeiten zu Gedankenaustausch und Teamarbeit.
- Mangelnde Anerkennung neuer Ideen.
- Tabus; heilige Kühe; Traditionen.
- Zu hoch vorgegebene Ziele und Anforderungen.

Psychologische Blockaden:

- Suche nach dem absolut Richtigen.
- Neigung zu gewohnten Vorgehensweisen.
- Zu schnelle Meinungsbildung.
- Hemmungen, sich zu äußern.
- Enttäuschungen, Resignation.
- Neigung, anderen nachzugeben.
- Zufriedenheit mit dem Erreichten.
- Zu wenig Vertrauen in die eigenen Fähigkeiten.

2.10 Die kreative Führung

Um Kreativität und Innovation im Unternehmen zu fördern, reicht es weder, Kreativität von den Mitarbeitern zu fordern, noch seine Mitarbeiter in der Anwendung der Kreativitätswerkzeuge zu schulen. Das Führungsverhalten, das im Unternehmen herrscht, hat eine große Bedeutung für Kreativität im Prozess der erwünschten ständigen Verbesserung und für Innovation (siehe näher Pocket Power „Total Quality Management"). In der Praxis lassen sich in Bezug auf die Kreativität vier Formen der ungewollten Anpassung der Mitarbeiter an ungewünschte, aber nicht beeinflussbare Situationen beobachten:

- *Verdrängung von Ideen und Bedürfnissen:* Der Mitarbeiter resigniert und betrachtet seine Kreativität als wirkungslos und sogar als Hemmnis zur größeren sozialen Anerkennung.
- *Regression:* Der Mitarbeiter zieht sich auf andere Ebenen der Äußerungsmöglichkeiten zurück, bedient sich des Witzes, um ungewöhnliche Ideen äußern zu können.

- *Sublimierung:* Da die Kreativität nicht am Arbeitsplatz ausgelebt werden kann, sucht sich der Mitarbeiter andere Betätigungsfelder, z. B. in der Freizeit, um so eine Kompensation zu schaffen.
- *Rationalisierung:* Das geänderte Verhalten wird rationalisiert, d. h. glaubhaft begründet, entgegen ursprünglicher Motive.

Die Folge ist, dass Mitarbeiter weniger leisten, als sie könnten, und keine Versuche mehr unternehmen, kreative Eigenleistung in das Unternehmen einzubringen. Problematisch bei der aus Sicht der Mitarbeiter unverständlichen Zurückweisung von kreativen Ideen ist, dass Zurückweisungen von den Mitarbeitern in die Zukunft hinein generalisiert werden. Kreativität wird als unerwünscht wahrgenommen – erlernte Hilflosigkeit macht sich im Unternehmen breit.

Ein zentraler Punkt zur Steigerung der Kreativität ist daher die Schaffung eines kreativitätsfördernden, gleichsam qualitätsorientierten Klimas. Dazu gehören eine offene Kommunikation sowie das Mitwirken des Topmanagements als Vorbild im Innovationsprozess. Kreativität und Innovation sollten einen hohen Stellenwert erhalten.

Das Setzen herausfordernder Standards ist zum Ansporn der Leistungsfähigkeit der Mitarbeiter wichtig; gleichzeitig muss es eine Toleranz gegenüber Fehlschlägen geben (es gibt keine Fehler, sondern Gelegenheiten, Erfahrungen zu sammeln). Dies nimmt Mitarbeitern ihre Ängste.

Jobrotation, Fort- und Weiterbildungsmöglichkeiten fördern ein kreatives Verhalten von Mitarbeitern. Gleiches gilt für eine ausreichende Informationsversorgung (auch bei nicht unmittelbar erkennbarem Nutzen) und eine offene Kommunikation mit hoher Kommunikationsdichte. Daten sollten transparent und für jeden zugänglich sein. Um die „Denkregeln“, die im Unternehmen angewendet werden, zu erweitern, sollte die Unternehmensführung die Mitarbeiter zu unkonventionellem Denken ermutigen und offen für Neuerungen sein. Kreativitäts- und Moderationstrainings führen zu deutlicher Kreativitätssteigerung im Unternehmen.

Ideen sind zum Scheitern verurteilt, wenn Mitarbeiter keine Ansprechpartner für ihre Vorschläge finden. Um die Strukturen für innovative Ideen durchlässiger zu machen, ist es sinnvoll, sog. Förderer in Form von Sponsoren oder Paten einzusetzen. Das ermöglicht, dass ein Ideenträger auch außerhalb des hierarchischen Gefüges auf informellen Wegen mit „Ideendurchsetzern“ in Kontakt treten kann. Das in der Regel anonyme betriebliche Vorschlagswesen kann Ergebnisse der Kreativität, sofern der Nährboden hierfür aufbereitet wurde, ebenfalls kanalisieren.

Auch die für den kreativen Prozess wichtigen Aspekte „Entspannung“ und „Abstandgewinnung“ sollten im Unternehmen gefördert werden, z. B. durch Einführen des Prinzips „Überschlafen“ eines Problems. Das bedeutet, dass Problemdurchdringung und die Lösungssuche systematisch „verschoben“ werden, um den Erfordernissen des kreativen Prozesses zu genügen.

Die Einrichtung von „Kreativräumen“, in die sich Mitarbeiter zurückziehen können, wenn es um die Suche nach neuen Ideen geht, kann sehr nützlich sein.

Die Existenz einer gewissen Distanz zu den Problemen und Aufgaben hat man auch bei der Untersuchung von Lebensläufen kreativer Persönlichkeiten festgestellt. Diese Distanz schlägt sich auch im kreativen Prozess in der Inkubationsphase nieder.

Für die Unternehmenspolitik ergeben sich daraus drei bedeutsame Fragen:

- Toleriert die Unternehmenskultur die Abweichung von der Tradition und dem Status quo, oder besteht man auf Konformität?
- Gestattet die Kultur dem Individuum neue (der bisherigen Unternehmenssicht widersprechende) Erfahrungen zu sammeln?
- Bis zu welchem Grad akzeptieren oder belohnen die Entscheidungsträger die kreativen Erlebnisse der Mitarbeiter?

Im Folgenden sind beispielhaft Ansätze zur Förderung von Kreativität und Innovation dargestellt:

Wie 3M die Kreativität fördert

- *15-Prozent-Regel:* eine langjährige Tradition, die es Mitarbeitern erlaubt, bis zu 15 Prozent ihrer Zeit an Projekten ihrer eigenen Wahl zu arbeiten (Ziel: Förderung des Innovationsdrangs der Mitarbeiter).
- *25-Prozent-Regel:* Jeder Geschäftsbereich soll 25 Prozent seines Jahresumsatzes mit Produkten erwirtschaften, die nicht länger als fünf Jahre auf dem Markt sind (Ziel: Förderung der Entwicklung von Neuprodukten).
- *Golden-Step-Auszeichnung* für Mitarbeiter, die neue Ideen erfolgreich umgesetzt haben (Ziel: Förderung von internem Unternehmertum).
- *Technische Foren*, auf denen Mitarbeiter von *3M* Referate halten und sich gegenseitig über neue Ergebnisse informieren (Ziel: gegenseitige Förderung und Information).

- *Genesis Grants:* Wagniskapitalfonds, aus dem Mitarbeiter bis zu € 40.000 erhalten, um Prototypen entwickeln und Markttests durchführen zu können (Ziel: Förderung von Innovationen).
- *Frühzeitige Beteiligung* (seit 1937) der Mitarbeiter am Gewinn (Ziel: Förderung des Bewusstseins der Mitarbeiter, einen individuellen Beitrag zum Unternehmenserfolg zu leisten).

2.11 Das kreative Produkt

Das kreative Produkt ist das Ergebnis der kreativen Leistung eines Menschen. Unter Produkt ist hier nicht nur ein materielles Produkt gemeint, sondern z. B. eine kreative Idee, ein kreativer Einfall u. a.

Jeder Versuch, ein Maß für Kreativität zu finden, ist sehr schwierig und muss subjektiv bleiben. Für den Menschen, der die Idee produziert hat, muss sie neu sein. Das alleine reicht für die Bewertung aus Sicht des Unternehmens allerdings nicht aus. Ein gutes kreatives Produkt muss vor allem für eine bestimmte Aufgabenstellung eine zufrieden stellende, wenn nicht sogar herausragende Lösung ergeben, wobei auch hier die Abgrenzung zum maximal Erreichbaren von vornherein nicht bestimmbar ist. Für die Abgrenzung gegenüber nicht kreativen Produkten werden Kriterien wie der Grad der Novität, die Neuheit, Ungewöhnlichkeit, Seltenheit und Kriterien für die Verwendbarkeit, wie die Angemessenheit, Brauchbarkeit sowie Nützlichkeit angeführt. Doch all diese Kriterien sind selbst wieder erklärungsbedürftig und letztlich subjektiv. So kann z. B. „Neuheit" objektiv (allgemein gültig neu) oder subjektiv (Neuheit für eine einzelne Person) bzw. absolut (z. B. technische Erfindung) oder relativ (eine neue Interpretation eines bestehenden Sachverhaltes) verstanden werden.

Sinnvoller ist deshalb, das kreative Produkt nach Klassen einzuordnen, z. B. wie brauchbar oder unbrauchbar ist eine Idee/Lösung für eine vorgegebene Problemstellung. Es ist entscheidend, dass diese Bewertung zeitlich deutlich nach der Phase der Ideengenerierung erfolgt.

Denn gerade die sofortige Bewertung jedes Gedankens, die üblicherweise erfolgt, ist ein großer Ideenverhinderer.

Bewertungen der kreativen Leistung hängen in hohem Maße von bereits bestehenden Normen ab. Sind diese starr bzw. in unserem „Weltbild" unumstößlich verankert, bleiben darüber hinausgehende Ideen häufig unerkannt.

Beispiel:

Zeichnen Sie sich neun Punkte in der dargestellten Art (Bild 11) auf.

Bild 11: *Das Neun-Punkte-Problem*

Quelle: Watzlawik, P., Weakland, J. H., Fisch, R.: Lösungen. Zur Theorie und Praxis menschlichen Wandels, 5. Auflage, Bern 1992.

Wenn Sie das Problem noch nicht erkennen, schlagen Sie bitte nicht sofort die Lösung nach (Bild 12), sondern versuchen Sie erst einmal selbst, das Problem zu lösen:

Aufgabe ist es, die neun Punkte mit vier Geraden zu verbinden, die ohne abzusetzen gezogen werden müssen.

Lösung: Den meisten Menschen erscheint die Aufgabe zunächst relativ leicht. Es werden einige Versuche unternommen in der Hoffnung, so eine Lösung zu finden. Doch dann stellt man fest, dass man auf diese Weise zu keiner Lösung kommt, die Aufgabe scheint unlösbar.

Wenn Sie nun die Lösung in Bild 12 betrachten, erkennen Sie den einfachen Kunstgriff. Um die neun Punkte miteinander zu verbinden, müssen einige der Geraden *außerhalb* des Quadrates verlaufen. Fast alle Menschen gehen aber implizit davon aus, dass die Geraden innerhalb des Quadrats gezogen werden müssen. Auch nach der Feststellung, dass man mit den vorhandenen Ideen nicht zur Lösung kommt, werden die angenommenen Regeln nicht betrachtet, hinterfragt und geändert. Obwohl sie nicht formuliert wurden, wird die Wahrnehmung so kanalisiert, dass keine Lösung möglich scheint. Wird diese eine Regel außer Kraft gesetzt, ist ein Lösen des Problems relativ einfach.

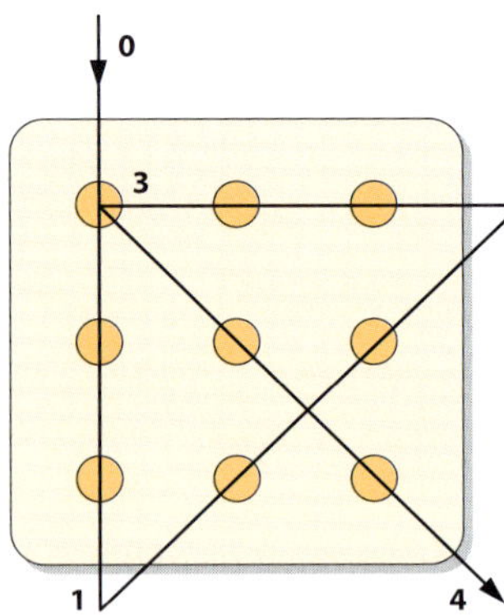

Bild 12: *Die Lösung des Neun-Punkte-Problems*

Unternehmerische Probleme stellen sich in der Regel weit komplexer dar. Umso wichtiger ist es, sich mit der Struktur eines Problems, seiner eigenen Wahrnehmung und der Art der benötigten Lösung auseinander zu setzen.

3 Die Sieben Kreativitätswerkzeuge (K7)

3.1 Einsatzgebiete der K7

Kreativitätswerkzeuge können in allen Bereichen wie Forschung & Entwicklung, Marketing, Produktionsplanung, Beschaffungswesen, Fertigung und Montage, aber auch in der Unternehmensplanung, in Organisation und Personalwesen und im Qualitäts- und Rechnungswesen eingesetzt werden. Die vorgestellten Sieben Kreativitätswerkzeuge (K7) sind so zusammengestellt, dass sie sich für alle Situationen eines Unternehmens eignen, in denen neue Ideen gesucht werden.

Die Sieben Kreativitätswerkzeuge (K7) stellen eine Ergänzung der Qualitätstechniken, besonders der Sieben Qualitätswerkzeuge (Q7) sowie der Sieben Managementwerkzeuge (M7), dar (siehe zu diesen Pocket Power „Qualitätstechniken"). Sie unterstützen besonders Tätigkeiten in der Definitions- und Entwicklungs- sowie der Entwicklungs- und Produktionsplanungsphase, aber auch den Prozess der Ständigen Verbesserung (KVP, KVP^2) (Bild 13).

Obwohl sich die K7 in zahlreichen Anwendungen bewährt haben, sind sie keine Garantie für die sofortige Entdeckung einer herausragenden Lösung. Erst mit zunehmender Anwendungshäufigkeit werden die Ergebnisse qualitativ besser. Das ist darauf zurückzuführen, dass die K7 die Intuition fördern sowie die Fähigkeit haben, stockende Ideenflüsse wieder in Gang zu setzen. Ähnlich den meisten Sportarten muss das freilich trainiert werden.

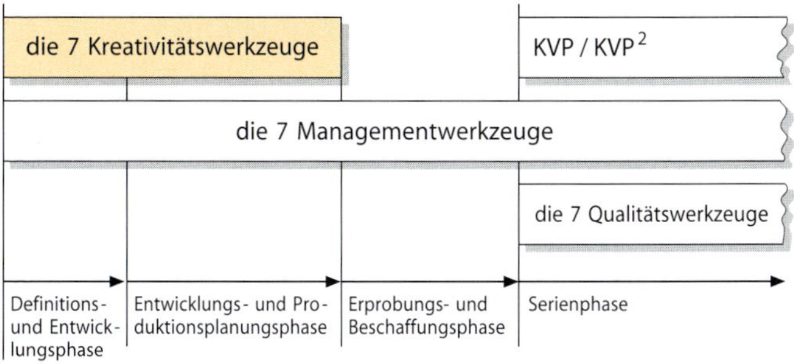

Bild 13: *Einsatzgebiete der K7, M7 und Q7 im Produktentstehungsprozess*

3.2 Welche Probleme lassen sich mit den K7 lösen?

Probleme lassen sich in fünf Problemgruppen einteilen (Bild 14). Diese Gruppen gehören jeweils zwei verschiedenen Kategorien an, den (gut) strukturierten und den (schlecht) unstrukturierten Problemen.

Gut strukturierte Probleme haben den Charakter einer Aufgabe. Zu ihnen gehören Auswahl- und Konsequenzprobleme.

Auswahlproblem:

Bei einem Auswahlproblem werden Alternativen nach bestimmten Kriterien auf ihren Nutzen für ein vorgegebenes Ziel hin untersucht.

Konsequenzproblem:

Bei Konsequenzproblemen wird durch die Befolgung erkannter Gesetzmäßigkeiten das Problem bzw. die Aufgabe gelöst.

Entwicklung einer Arbeitsleuchte		
Problemgruppe	**Beispiel**	**K7-Einsatz sinnvoll?**
Analyseproblem	Welche Funktionen (z.B. Verstellbarkeit, Helligkeit u.a.) soll die Leuchte erfüllen?	+
Suchproblem	Welche lichterzeugenden Quellen können benutzt werden?	+
Konstellations-problem	Konzeption einer Vorrichtung zur flexiblen Positionierung	+
Konsequenz-problem	Berechnung des Wirkungsgrades der Lichtquelle	–
Auswahlproblem	Welche der verschiedenen Materialien sind im Hinblick auf Temperaturfestigkeit und Kosten optimal?	–

Bild 14: *Problemtypen und der Einsatz von Kreativitätswerkzeugen*

Quelle: Schlicksupp, H.: Innovation, Kreativität und Ideenfindung, Würzburg 1992.

Beispiel für gut strukturierte Probleme ist die Berechnung des Wirkungsgrades einer Maschine oder die Ermittlung der Statik eines Gebäudes. Merkmal für strukturierte Probleme ist die Kenntnis aller Elemente des Problembereiches. Dadurch wird der Problemlösungsprozess logisch, sicher und ist systematisch ausführbar. Häufig existiert nur eine Lösung, die als Optimum gelten kann. Für diese Art von Problemen existiert eine Reihe von Problemlösungswerkzeugen (z. B. die Netzplantechnik, das Berechnen, der Projektplan u. a.). Für die Lösung derartiger Probleme ist Kreativität im engeren Sinne nicht notwendig.

Schlecht strukturierte Probleme lassen sich in die drei Gruppen Analyse-, Such- und Konstellationsprobleme unterteilen.

Analyseproblem

Bei einem Analyseproblem besteht die Schwierigkeit im Erkennen der Problemstrukturen, z. B. in Form von Ursachen, und ihr Zusammenwirken untereinander. Ohne gründliche Analyse eines Problems ist eine befriedigende Lösung kaum möglich.

Suchproblem

Wenn die Schwierigkeit darin besteht, bestimmte Lösungen aus einem bereits existierenden Lösungsraum zu selektieren, handelt es sich um ein Suchproblem. Ein Suchvorgang geschieht mit Hilfe von Suchkriterien, die durch die Definition des Problems vorgegeben sind. Schwierigkeiten bereiten teilweise die (nie vollständig erfassbare) Fülle der angebotenen Möglichkeiten und deren Kombinationen.

Konstellationsprobleme

Bei Konstellationsproblemen geht es um die Anpassung vorhandenen Wissens an neue Gegebenheiten.

Allgemein lässt sich sagen, dass bei schlecht strukturierten Problemen nicht alle Problemelemente bekannt und Gesetzmäßigkeiten nur begrenzt erkennbar sind. Das macht eine eher intuitive, ungerichtete Suche nach Lösungen notwendig.

Für den beruflichen Alltag ist es zweckmäßig, zwischen gut und schlecht strukturierten Problemen zu unterscheiden, da sie mit verschiedenen Werkzeugen bearbeitet werden müssen. Die K7 setzen bei den schlecht strukturierten Problemen an.

3.3 Prinzipien (Suchregeln) kreativer Problemlösung

Um Problemlösungen im Unternehmen zu verbessern, gibt es neben den schon erläuterten Erkenntnissen Prinzipien (sog. Suchregeln), welche die Wahrscheinlichkeit, neue Lösungen zu finden, erhöhen:

- *Systematische Zerlegung* von Problemen in ihre Einzelbestandteile. Ziel: Systematische Strukturierung erreichen.
- *Abstrahierung* vom Ursprungsproblem. Ziel: Eine eindeutige Problemdefinition erreichen.
- *Bildung von Analogien.* Ziel: Auch in anderen Wissens- und Erlebnisbereichen können Lösungen für ein Problem liegen.
- *Anknüpfung und Assoziation.* Ziel: Möglichst viele verwertbare Ideen durch einen ungehinderten Gedankenfluss erreichen.
- *Bildliches Denken.* Ziel: Das Leistungsvermögen der rechten Gehirnhälfte nutzen. Hinweis: Gut visualisierte Probleme lassen sich einfacher lösen.

Tipps für den Einsatz der K7:

- Eignen Sie sich Kenntnisse über Ablauf und Wirkung der Methoden an.
- Betrachten Sie die Methoden als integralen Bestandteil des menschlichen Denkens, das beeinflusst wird durch das Verhalten und die Einstellungen.
- Häufige Anwendung ist notwendig, um die neuen Fähigkeiten auszubilden und zu fördern.

- Unterschiedliche Probleme müssen mit unterschiedlichen Techniken bewältigt werden.
- Mitarbeiter sollten in der Anwendung der Kreativitätswerkzeuge geschult werden.
- Genügend Mitarbeiter sollten die Grundlagen des Moderierens beherrschen.
- Persönliche Widerstände gegenüber Kreativitätswerkzeugen aus Unkenntnis, Ängsten und Egoismen müssen überwunden werden.
- Achtung vor Einzelinitiativen! Die Anwendung der Werkzeuge sollte durch organisatorische Maßnahmen abgesichert sein.
- Führungskräfte sollten Wirkungsweise und Ziele der Werkzeuge einschätzen können, um die Anwendung glaubwürdig fördern zu können.
- Die Erwartungen an die Möglichkeiten der Werkzeuge sollten realistisch, d. h. nicht übertrieben eingeschätzt werden.

3.4 Auswahl der Kreativitätswerkzeuge

Jedes der vorgestellten Werkzeuge beruht auf einem anderen Prinzip, das für die Ideenfindung nützlich ist.

Die K7

Zur Strukturierung: *Mind-Mapping*
Zur Abstraktion: *progressive Abstraktion*
Zur Zerlegung: *Morphologischer Kasten*
Zur Anknüpfung: *Methode 635*
Zur Verfremdung: *Synektik-Sitzung*
Zur visuellen Konfrontation: *Visuelle Synektik*
Zur Konfrontation: *Reizwortanalyse*

Zusätzlich werden zwei grundlegende „klassische" Kreativitätswerkzeuge den Erläuterungen der K7 vorangestellt. Sie können als Grundlage für die Anwendung der K7 insgesamt gelten.

Klassiker

Zur Ideensammlung: *Brainstorming*
Zur Überprüfung der Vollständigkeit einer Lösung: *Osborn-Checkliste*

Die Kreativitätswerkzeuge sind für den Einsatz in unterschiedlichen Schritten des Problemlösungsprozesses konzipiert (Bild 15):

- Problemerkennung
- Problemanalyse
- Erarbeitung von Lösungsalternativen

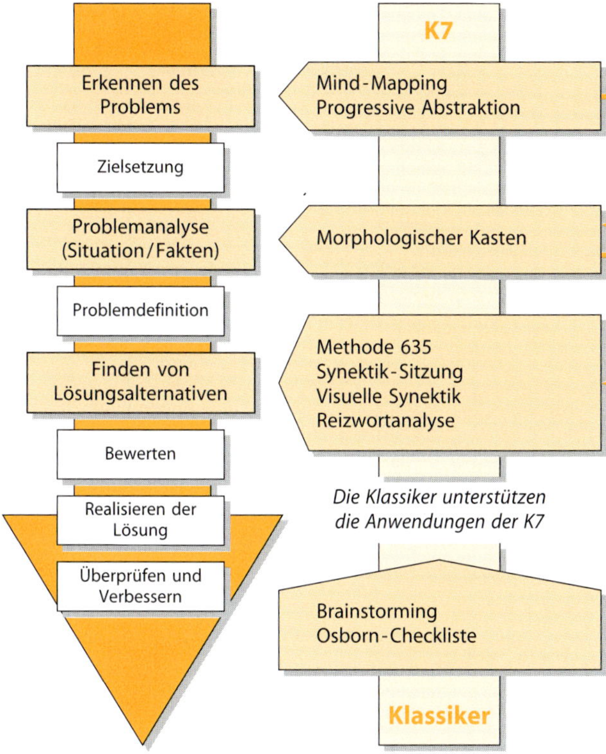

Bild 15: *Kreativitätswerkzeuge im Problemlösungsprozess*

In Bild 16 ist die Eignung der K7 und der beiden Klassiker im Hinblick auf zu lösende Problemgruppen dargestellt (siehe hierzu auch Bild 14). Die Matrix kann als Auswahlhilfe zur problemspezifischen Anwendung der Kreativitätstechniken dienen.

	Analyse-probleme	Such-probleme	Konstella-tions-probleme
Brainstorming		●	●
Osborn-Checkliste		●	
Mind-Mapping	●	●	
Progressive Abstraktion	●		
Morphologischer Kasten		●	●
Methode 635		●	
Synektik-Sitzung			●
Visuelle Synektik			●
Reizwortanalyse			●

Bild 16: *Auswahlmatrix zur Anwendung der Kreativitätstechniken für eine spezifische Problemgruppe*

Um die Auswahl eines Kreativitätswerkzeuges weiter zu vereinfachen, sind die wichtigsten Charakteristika jedes Werkzeuges in Bild 17 vergleichend aufgelistet.

Anwendungsmerkmale der K7	Schwierigkeitsgrad	Moderation	Protokollierung	Dauer	Einzelarbeit	Materialintensivität
Brainstorming	2	2	3	1		1
Osborn - Checkliste	2	3	2	2	X	1
Mind - Mapping	2	3	1	1/2	X	1/2
Progressive Abstraktion	3	3	3	2	X	1
Morphologischer Kasten	3	3	1	2–3	X	2
Methode 635	1	1	1	1		1
Synektik - Sitzung	3	3	2	2		1
Visuelle Synektik	2	2	3	1		3
Reizwortanalyse	1	3	2	2		2
Legende:	1 = leicht, 3 = schwierig	1 = kaum nötig, 3 = schwierig	1 = automatisch, 3 = schwierig	1 = 1/2 h, 2 = 2–3 h, 3 = bis > 1 Tag	x = auch in Einzelarbeit möglich	1 = kaum Material, 3 = viel Material

Bild 17: *Anwendungsmerkmale der K7 im Vergleich*

(In Anlehnung an Schlicksupp, H.: Innovation, Kreativität und Ideenfindung, Würzburg 1992.)

- Liegen nur wenige Erfahrungen mit der Anwendung von Kreativitätswerkzeugen vor, sollten zuerst Methoden wie *Brainstorming, Methode 635* oder *Reizwortanalyse* Anwendung finden.
- Die *Synektik-Sitzung* empfiehlt sich für fortgeschrittene Anwender und sollte nicht eingesetzt werden, wenn sich die Gruppenmitglieder kaum kennen.
- Der *Morphologische Kasten* unterstützt besonders die Diskussion unter Fachleuten zu spezifischen Problemstellungen, während sich alle anderen Werkzeuge auch für heterogen, interdisziplinär zusammengesetzte Gruppen eignen.
- Sind Spannungen und Konflikte unter den Teilnehmern einer Arbeitsgruppe zu erwarten, ist es sinnvoll, mit einem schriftlichen Werkzeug, z. B. *Methode 635,* zu arbeiten. Für die Anwendung der Werkzeuge in der Gruppe sollten Flipchart und/oder Pinnwände sowie ein Overheadprojektor bereitstehen.
- Für die Gruppengröße ist auf Folgendes hinzuweisen: Für die Aufstellung eines *Morphologischen Kastens* sollte die Gruppe (ein bis vier Personen) eher kleiner sein. Alle anderen Kreativitätswerkzeuge können in einer Gruppenstärke von fünf bis acht Personen praktiziert werden.

Durch den Pocket Power-Band „Kreativitätstechniken“ soll in drei Teilschritten eine schnelle Anwendung der Werkzeuge ermöglicht werden.

Der Unterpunkt **„Worum geht es?“** erläutert das Prinzip, **„Was bringt es?“** verdeutlicht das Ziel und verweist auf Möglichkeiten und Grenzen der Werkzeuge. Die praktische Anwendung wird im Punkt **„Wie gehe ich vor?“** beschrieben. „Tipps“ und „Hindernisse“ sollen helfen, die Werkzeuge effizient anzuwenden. Unter dem Stichwort „Vertiefung“ werden Variationsmöglichkeiten einzelner Werkzeuge erläutert.

3.5 Brainstorming

WORUM GEHT ES?

Brainstorming, zu Deutsch etwa „Ideenwirbel“, ist das älteste und auch bekannteste Kreativitätswerkzeug. Studien ergaben, dass *Brainstorming* in Unternehmen die am weitesten verbreitete Kreativitätstechnik ist. Bereits in den 40er-Jahren begann sich der Erfinder dieses Werkzeuges, Alex Osborn, mit den Gründen für das in Sitzungen auftauchende „negative Denken“ zu beschäftigen. Er beschrieb, dass die Sitzungen häufig von einer Atmosphäre der Wörter „ausgeschlossen, unmöglich, nein und damit Schluss“ geprägt sind. Das von ihm entwickelte Konzept der *Brainstorming*-Sitzung soll Blockaden auf der Suche nach neuen Ideen ausschalten und die Gruppenarbeit produktiver machen.

WAS BRINGT ES?

Brainstorming-Sitzungen sollen das intuitiv-schöpferische Denken der Gruppenteilnehmer fördern und das Unterbewusstsein aktivieren. Durch die Gruppensitzung werden das Wissen mehrerer Personen für die Lösung des Problems und die daraus entstehenden Synergieeffekte genutzt. Die Einhaltung der *Brainstorming*-Regeln bewirkt, dass denkpsychologische Blockaden ausgeschaltet werden. Das Vermeiden negativer Kritik führt zur Erweiterung der Lösungsmöglichkeiten und Entwicklung freier Phantasie. Die Diskussion wird demokratisiert, da lange Debatten vermieden werden und so alle Personen zu Wort kommen können.

Brainstorming kann für ein weites Spektrum an Problemen eingesetzt werden. Am besten eignet sich diese Technik jedoch für die Lösung von Suchproblemen. Diese sollten nicht zu komplex sein und konkret formuliert werden.

WIE GEHE ICH VOR?

Ablauf

Für eine *Brainstorming*-Sitzung ist es ratsam, einen Moderator und einen Protokollanten hinzuzuziehen.

1) Vorbereitungsphase

- Vorläufige Definition des Problems.
- Einladung der Teilnehmer: Die Teilnehmer sollten die Problemstellung vor der eigentlichen Sitzung erfahren. Ideal ist eine *Brainstorming*-Gruppe von fünf bis sieben Personen. Ist die Gruppe kleiner, fehlt häufig das assoziative Potenzial. Bei einer zu großen Gruppe besteht die Gefahr des Durcheinanderredens. Es bilden sich dann Untergruppen; der Einzelne hat nicht genügend Gelegenheit, seine Ideen zu äußern. Empfehlenswert sind Gruppen, die aus einer Mischung von Fachleuten und Laien bestehen.
- Sitzungsraum reservieren: Die Sitzung selbst sollte an einem ruhigen Ort stattfinden.

2) Durchführungsphase

- Eröffnung durch den Moderator, Erläutern der Grundregeln.
- Vorstellen der Problemstellung und deren Diskussion.
- Analyse und ggf. Neuformulierung des Problems.
- Jetzt beginnt die eigentliche *Brainstorming*-Phase. Sie dauert ca. 20–40 Minuten.
- Alle Teilnehmer äußern spontan Ideen zur Problemlösung und lassen sich von den Ideen der anderen Teilnehmer inspirieren.
- Der Moderator gibt bei nachlassendem Ideenfluss Impulse. Er sollte darauf achten, dass die *Brainstorming*-Regeln

eingehalten werden, alle Teilnehmer zu Wort kommen, durch Reizfragen der Ideenfluss angeregt wird und dass sich die Gruppe nicht zu weit vom Thema entfernt.

- Der Protokollant notiert jede geäußerte Idee. Die Liste sollte für alle sichtbar geführt werden, z. B. auf einer Overheadfolie, einem Flipchart oder an einer Pinnwand, damit die Teilnehmer auch auf schon länger zurückliegende Ideen wieder zugreifen können. Der Protokollant muss alle Ideen erfassen und darf keine unberücksichtigt lassen.
- Die Sitzung wird vom Moderator dann beendet, wenn er trotz verschiedener Reizfragen und Anregung der Teilnehmer keine weiteren Ideen stimulieren kann.

3) Verarbeitungsphase

- An die eigentliche Sitzung schließt sich die Phase der Verarbeitung des Protokolls an. Das Protokoll sollte noch einmal gemeinsam auf eventuelle Unklarheiten durchgegangen und diese sollten dann durch eindeutige Formulierungen ersetzt werden.
- Die Ergebnisliste sollte den Sitzungsteilnehmern noch einmal vorgelegt werden, da diese häufig im Laufe des folgenden Tages weitere Ideen entwickeln. Das kann in einer zusätzlichen Rubrik aufgenommen werden.
- Danach müssen die Ideen sortiert und zusammengefasst werden. Erst in dieser Phase werden die Ideen bewertet.
- Die Bewertung kann durch Einteilung in Klassen erfolgen; sehr beliebt sind: „sofort umsetzbar“, „gut, aber nicht sofort umsetzbar“, „momentaner Nutzen nicht sichtbar“.
- Die Ideen, die nicht sofort umgesetzt werden können, sollten mit den Fragen „Was könnten wir damit trotzdem anfangen?“ und „Wie können die Ideen verbessert wer-

den?“ betrachtet werden. Wichtig: Fast jede Idee hat ihren ganz spezifischen Nutzen. Diesen gilt es zu erkennen.

Regeln

Kernstück für das *Brainstorming* sind vier Grundregeln, die zwingend beachtet werden sollten:

- Keine Kritik
  Die Regel *Keine Kritik* bedeutet, dass jegliche Kritik und Wertung der geäußerten Ideen auf eine spätere Phase verschoben wird. Dadurch wird der Ideenfluss nicht durch sog. „Killerphrasen“ unterbrochen. Neben verbaler Kritik kann auch nichtverbale Kritik wie z. B. abschätzige Blicke oder demonstratives Abwenden die Kreativität behindern („Killerfaces“).

Killerphrasen

- Das ist nicht neu. Das gab es schon.
- Das kann nicht funktionieren.
- Das haben wir schon probiert. Damals ging es auch nicht.
- Dafür haben wir keine Ressourcen.
- Wann war so etwas denn schon einmal erfolgreich?
- Dazu müssen wir zuerst die Menschen ändern.
- Ich kenne den Laden hier. Bei uns geht das nicht!
- Das hört sich aber sehr theoretisch an.
- Man darf doch nicht gleich alles über Bord werfen.
- Das können Sie doch nicht beurteilen.
- Wollen Sie sagen, dass wir bisher alles falsch gemacht haben?
- Wenn das so einfach wäre.
- Als Experte kann ich Ihnen sagen …
- Ganz nett, aber unter Wirtschaftlichkeitsaspekten …

Killerfaces

- Ungläubig schauen.
- Sich demonstrativ mit etwas anderem beschäftigen.
- Abschätzig lächeln.
- Abwinken.
- Demonstrativ abwenden, aus dem Fenster schauen.

▶ Quantität vor Qualität

Quantität vor Qualität bedeutet, dass es darauf ankommt, möglichst viele Ideen in kurzer Zeit zu sammeln. Je nach Problemstellung können während einer 20-minütigen Sitzung zwischen 50 und 100 Ideen produziert werden. Durch die Quantitätsregel werden die Teilnehmer spontaner, es werden mehr und ungewöhnliche Ideen hervorgebracht. Dadurch erhöht sich die Wahrscheinlichkeit von genügend guten Ideen.

▶ Freier Lauf der Fantasie und der Assoziationen

Freier Lauf der Fantasie und der Assoziationen bewirkt, dass Ideen ungezwungener hervorsprudeln. Diese Regel gibt den Teilnehmern die Sicherheit, dass ihre Anregungen willkommen sind. Ohne diese Regel besteht die Gefahr, dass bereits bekannte Lösungen geäußert werden, das Problem nicht mehr spielerisch und experimentell angegangen wird. Die Regel ermöglicht auch die Teilnahme von Laien an Sitzungen. Dies ist deshalb zweckmäßig, weil sie trotz (oder gerade wegen) fehlender Detailkenntnisse originelle und neue Anregungen einbringen können. Der Moderator sollte dabei darauf achten, dass gedankliche Ausflüge nicht zu weit und zu lange abschweifen. Vielmehr muss er die Gruppe nach einiger Zeit mit neuen Fragen auf die Ausgangsproblematik zurückdirigieren.

▶ Fremde Ideen aufgreifen und weiterentwickeln
Fremde Ideen aufgreifen und weiterentwickeln fordert auf, mit den Ideen anderer Teilnehmer zu experimentieren. *Brainstorming* ist Teamarbeit und erlaubt deshalb keine „Urheberrechte“. Statt dessen sollen durch Weiterentwicklung der Ideen anderer Synergieeffekte realisiert werden. Ziel ist es, aus einer zuerst geäußerten, unfertigen und so kaum zu nutzenden Idee durch Anfügen und Ergänzen eine brauchbare Lösung zu entwickeln.

- Um die oben erwähnten „Killerphrasen“ zu verhindern oder humorvoll abzumildern, kann der Moderator
- präventiv „Killerphrasen“ vorlesen und damit „den Wind aus den Segeln nehmen“,
- eine Glocke auf den Tisch stellen, die jeder bei Nennung einer „Killerphrase“ läuten darf, um den Störenfried zur Räson zu rufen,
- jede „Killerphrase“ sichtbar aufschreiben (Meckerecke),
- ein Killerphrasen-*Brainstorming* vor dem eigentlichen *Brainstorming* initiieren,
- „Killerphrase“ (spielerisch) ernst nehmen und präzise nachfragen, z. B. „Meinen Sie das ernst, was Sie soeben gesagt haben?“ oder „Ist das tatsächlich Ihre Ansicht?“. Dafür ist der Moderator in seiner neutralen Funktion zuständig.

- Selbst bei genauer Kenntnis der Regeln dauert es einige Zeit und Übung, bis die Teilnehmer aus ihren alten Denkbahnen ausbrechen.

- Hierarchische Unterschiede zwischen den Gruppenmitgliedern können zu starken Hemmungen unter den Teilnehmern führen.
- Auch eine zu dominante Fachautorität ist für eine *Brainstorming*-Sitzung hinderlich.
- Ungenügende Durchdringung des Problems und das Fehlen einer klaren, eindeutigen Zielformulierung behindern die Effizienz.
- Häufig wird die Sitzung, auf Grund fehlender oder zu wenig ausgeprägter Moderation, doch zur Fachdiskussion missbraucht.
- Ideen werden nur wörtlich genommen, der symbolische Sinngehalt wird nicht betrachtet – symbolische Gedanken werden nicht geäußert.
- Die *Brainstorming*-Sitzung wird zu früh abgebrochen, ohne tatsächlich kreative neue Ideen gefunden zu haben. Untersuchungen haben gezeigt, dass die Ideenproduktion in mehreren Wellen abläuft (siehe Bild 18).

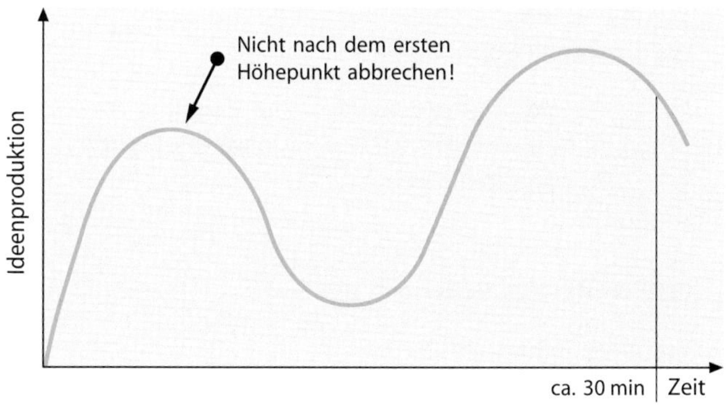

Bild 18: *Wellen der Ideenproduktion*

Quelle: Knieß, M.: Kreatives Arbeiten, München 1995.

Variation: Buzz-Sitzung

Für größere Gruppen empfiehlt es sich, mehrere Sechsergruppen zu bilden, die parallel für sechs Minuten intensiv Ideen für die Lösung eines Problems erörtern. Die Ergebnisse werden dann von einer Person jeder Gruppe im Plenum vorgestellt und anschließend mit allen Teilnehmern diskutiert. Bei Bedarf können weitere Runden mit weiteren Problemdetails anschließen. Durch die Mischung von Plenumsdiskussion und Kleingruppenarbeit kann die Gesamtteilnehmerzahl nahezu beliebig groß sein.

Vertiefung: Kopfstandmethode

WORUM GEHT ES?

Prinzip der Kopfstandmethode ist die Anregung der Kreativität durch eine paradoxe Aufgabenstellung. Man entfernt sich von der Aufgabenstellung, indem man sie verneint.

WAS BRINGT ES?

Die häufig vorhandene menschliche Neigung, erst einmal zu sehen, wie ein Problem sich nicht lösen lässt, wird so produktiv und zielgerichtet genutzt. Sie wird in der Praxis gerne angewendet.

WIE GEHE ICH VOR?

Vorbereitungsphase

Das Problem wird vorläufig definiert. Den Teilnehmern wird diese Fragestellung bei der Einladung mitgeteilt. Die optimale Gruppengröße liegt bei ca. 7. Empfehlenswert ist die Mischung von Fachleuten und Laien.

Durchführungsphase

- Eröffnung
  - Problemdiskussion, durch den Moderator
  - Ggf. Neuformulierung des Problems
  - Anschließend Negierung des Problems: Aus der Frage „Wie können wir die Zahl der Kunden um 10 % steigern?“ wird z. B. „Wie vergrätzen wir alle Kunden?“
- Kopfstandphase (ca. 20 Min.)
  Unter Einhaltung der *Brainstorming*-Regeln werden Ideen für die umgedrehte Fragestellung („Wie vergrätzen wir alle Kunden?“) entwickelt. Auf diese Weise kann man die Lust am Zerstören, Blockieren und Kritisieren produktiv nutzen.
  Sinnvoll ist die für alle Teilnehmer sichtbare Aufzeichnung auf Flipcharts.
- „Ideen auf die Füße stellen“ (ca. 20 Min.)
  Nun werden auf Grundlage der „Kopfstand“-Ideen Lösungsvorschläge für die Ausgangsfragestellung gefunden.

Verarbeitungsphase

Nun können die besten Ideen bewertet werden. Picken Sie dabei die Rosinen heraus. Mögliche Einteilung ist: „Sofort umsetzbar“; „Gut, aber nicht sofort umsetzbar“; „Momentaner Nutzen nicht sichtbar“. Wichtig ist auch, dass die Lösung emotional reizvoll ist.

3.6 Osborn-Checkliste

WORUM GEHT ES?

Zur Erweiterung des betrachteten Umfeldes eines Problems und dessen Lösung dienen Fragesequenzen. Osborn beobachtete folgendes Phänomen: Es zeigt sich, dass z. B. im Rahmen von Gruppenarbeit bei einem gegebenen Problem häufig nur einige wenige Aspekte betrachtet werden. Diese werden dann mit zahlreichen ähnlichen Ideen angereichert, die aber insgesamt kaum einen substanziell neuen Gesichtspunkt oder eine neue Lösung beinhalten.

WAS BRINGT ES?

Die Methode eignet sich vor allem zur Produkt- und Verfahrensentwicklung auf Grundlage eines bereits bestehenden Produktes bzw. Verfahrens. Die Fragen der *Osborn-Checkliste* dienen dazu, das kreative Denken gezielt in verschiedene, auch andersartige Bereiche zu lenken. Auf diese Weise werden Veränderungsmöglichkeiten eines Produktes oder Verfahrens systematisch ausgeleuchtet. Zudem wird verhindert, dass man sich frühzeitig mit einer gefundenen, vermeintlich neuen Lösung zufrieden gibt. Die *Osborn-Checkliste* liefert allgemeine Kategorien, um kreatives Denken zu fördern. Das Ergebnis ist eine Liste von Veränderungsmöglichkeiten.

Die *Osborn-Checkliste* eignet sich sowohl für Gruppenarbeit als auch für die individuelle Anwendung.

WIE GEHE ICH VOR?

Das Verfahren bei der *Osborn-Checkliste* ist den im Rahmen des kontinuierlichen Verbesserungsprozesses häufig benutzten Check- und Fragelisten sehr ähnlich. Die 3 Mu-Checkliste, die 6 M-Checkliste oder die 6 W-Checkliste dienen der Förderung der Problemlösungsfähigkeit der Mitarbeiter in Bezug auf Qualitätsverbesserung bestehender Prozesse und Produkte (siehe Pocket Power „Total Quality Management"). Die *Osborn-Checkliste* soll hingegen den Blickpunkt auf die kreative Veränderung von Produkten und Verfahren richten. Sie besteht aus neun verschiedenen Kategorien.

Ablauf

Festlegung, welches Produkt oder Verfahren verbessert werden soll.

1) Das Produkt oder Verfahren wird mit Hilfe der Fragen aus der Checkliste von Osborn systematisch auf Variationsmöglichkeiten untersucht. Ideen und Veränderungsmöglichkeiten werden zunächst ohne Kritik und Überprüfung hinsichtlich der Durchführbarkeit niedergeschrieben. Zur Protokollierung eignet sich gut ein Mind-Map an einer Pinnwand oder auf einem Flipchart.
2) Anschließend wird eine Auswahl der verwendbaren Lösungen getroffen. Die zunächst als nicht durchführbar gekennzeichneten Lösungen können als Ideenanregung genutzt und bis zur Brauchbarkeit verbessert werden.

Checkliste von Osborn

1) **Zweckänderung**

   Wie kann man es alternativ verwenden? Wie kann man es nach Modifikation gebrauchen?

2) **Adaption**

   Was ist ähnlich? Welche Parallelen lassen sich ziehen? Was ist kopierbar?

3) **Modifikation**

   Hinzufügen von: Bedeutung, Form, Bewegung, Klang, Geruch.

4) **Vergrößerung**

   Was kann vergrößert werden? Höher? Länger? Dicker? Multiplizieren? Zusammenfügen? Verdoppelung? Mehr Zeit? Häufiger? Heller?

5) **Verkleinerung**

   Was kann man weglassen? Kleiner? Kürzer? Tiefer? Aufteilen?

6) **Substitutionen**

   Durch was ist es ersetzbar? Anderes Material? Ist der Prozess veränderbar? Anderer Standort?

7) **Umgruppierung**

   Was lässt sich vertauschen? Andere Reihenfolge?

8) **Umkehrung**

   Lässt sich positiv und negativ vertauschen? Verkehrung in das Gegenteil möglich? Rollen vertauschbar? Kann man Ursache und Folge vertauschen?

9) Kombination

Was lässt sich kombinieren? Sind Ideen oder Absichten kombinierbar?

- Die einzelnen Unterpunkte sollten nicht nur kurz überflogen werden, sondern jeweils in einer Art Kurz-*Brainstorming* auf Lösungsmöglichkeiten untersucht werden.
- Bei gewissenhafter Arbeit in einer Gruppe sind ideal mehrere Sitzungen anzusetzen.
- Die *Osborn-Checkliste* ist sehr allgemein gehalten. Sie kann als Anregung für bestimmte Fachbereiche dienen, spezifische Fragenkataloge zu erstellen.

- Häufig wird die Bearbeitung der Liste schon bei der ersten brauchbar erscheinenden Lösung abgebrochen. Damit werden die Phasen der Ideengewinnung und der -bewertung nicht getrennt. Es wird die Chance vertan, vielleicht ein noch besseres Ergebnis zu erhalten.
- Die *Osborn-Checkliste* sollte nicht eingesetzt werden, wenn vollständig neue Lösungen erwartet werden bzw. erarbeitet werden sollen.
- Das gewissenhafte Durcharbeiten aller Fragen nimmt Zeit in Anspruch.

3.7 Mind-Mapping

WORUM GEHT ES?

Die Methode des *Mind-Mapping* wurde in den 70er-Jahren von *Buzan* entwickelt. Sie dient zum Strukturieren und Visualisieren von Problemstellungen. Nach aller Erfahrung neigt der Mensch dazu (auf Grund der Überbetonung des analytischen Denkens der linken Gehirnhemisphäre in unserer Umwelt), komplexe Themen sequenziell von links oben auf einem Blatt Papier nach rechts unten zu entwickeln. Dies entspricht jedoch nicht der natürlichen Arbeitsweise des Gehirns.

Das *Mind-Mapping* verbindet die „logisch denkende“ linke und die „bildhaft denkende“ rechte Gehirnhälfte. Mit Hilfe von *Mind-Maps*, den Ergebnissen des *Mind-Mapping*, werden sprunghaftes Denken und Spontaneinfälle unterstützt. Gleichzeitig bieten *Mind-Maps* einen strukturierten Überblick komplexer Sachverhalte, in dem Zusammenhänge, Strukturen und deren Wirkrichtungen visuell dokumentiert werden.

Während einer kreativen Phase arbeitet unser Gehirn derartig schnell, dass wir nicht in der Lage sind, alle Gedanken, Bilder und Verknüpfungen verständlich formuliert festzuhalten – ganz im Gegenteil. Wir denken nicht in komplexen Formulierungen, sondern in Stichwörtern und assoziierten Bildern. Diese Tatsache entspricht der Struktur von *Mind-Maps*. Man kann sie deshalb als „Landkarte des Gehirns“ bezeichnen.

Bisher wurde der Begriff *Mind-Mapping* nicht in die deutsche Sprache übersetzt. Vor allem deshalb, weil das englische Wort *mind* sehr verschiedene, wesensverwandte Elemente enthält, wie beispielsweise Geist, Inspiration, Gedächtnis, Erinnerung, Assoziation, Gedankenarbeit. Diese Aspekte werden mit dem Werkzeug angesprochen.

WAS BRINGT ES?

Wenn *Mind-Maps* für die kreative Phase im Ideenfindungsprozess angewendet werden, besteht die Möglichkeit, besonders viele neue Ideen zu generieren. Während der Analysephase können diejenigen herausgefiltert werden, die weiterverfolgt werden sollen. Das Werkzeug lässt sich sowohl bei Analyse- und Such- als auch bei Konstellationsproblemen anwenden. Es fördert die gleichzeitige Nutzung beider Gehirnhälften, was dazu führt, dass verborgene Ideen zu Tage gefördert werden. Die spezielle Struktur eines *Mind-Maps* erlaubt es, sehr tief und grundlegend in einen Problembereich einzudringen und dennoch den Überblick zu bewahren. Das ergibt sich zum einen aus der Darstellungsart, zum anderen aus unterschiedlich detaillierten Abstraktionsebenen des Problems. Die Anwendung von *Mind-Maps* führt zudem zur Erweiterung des Wahrnehmungsbereiches eines Problemfeldes. Die chaotisch anmutende Anlage von *Mind-Maps* unterbindet eine starre Dokumentationsweise – wie sie z. B. durch Fließtext vorgegeben ist – und lässt einen freien Ideenfluss zu.

Bei welcher Gelegenheit kann Mind-Mapping angewendet werden?

Mind-Mapping ist ein sehr flexibles Werkzeug, das in allen Bereichen des beruflichen Alltags eingesetzt werden kann. Es unterstützt gleichzeitig die systematisch-analytische wie die intuitive Ideenfindung. Es eignet sich sehr gut für die Ideenentwicklung einer Einzelperson, aber auch als Protokollierverfahren in einer Gruppensitzung, z. B. an einer Pinnwand. Des Weiteren lassen sich Planungen leicht strukturieren und visualisieren. Neben der konkreten Unterstützung von Problemlösungen ist dieses Werkzeug auch gut geeignet, Gespräche, Telefonate und Präsentationen vorzubereiten. Zusätzlich schärft *Mind-Mapping* das Gedächtnis und erhöht das Konzentrationsvermögen.

WIE GEHE ICH VOR?

Ablauf

Die Struktur eines *Mind-Maps* kann mit der Ansicht eines Baumes aus der Vogelperspektive beschrieben werden. Von einem Stamm in der Mitte führen einige Hauptäste ab, an denen wiederum zahlreiche kleine Zweige und Nebenzweige abgehen. In Bild 19 ist beispielhaft ein *Mind-Map* zur Problemstellung: „Welche Anforderungen soll ein ‚Pocket Power' erfüllen" dargestellt.

1) Den Ausgangspunkt bei einem *Mind-Map* bildet der Mittelpunkt eines Papierbogens. Für die Anwendung durch eine Einzelperson werden am besten quergelegte DIN-A3-Bögen verwendet. So haben die Ideen genügend Raum, sich zu entwickeln. Für die Anwendung in der Gruppe empfehlen sich zwei aneinander gestellte Pinnwände. Sie ergeben eine genügend große Fläche für ein Gruppen-*Mind-Map*.
2) In die Mitte des Kreises wird in möglichst knappen Worten das Thema bzw. die Problemstellung schriftlich fixiert.
3) Von dem Zentrum gehen Äste aus, die das Thema in einzelne Bereiche aufgliedern bzw. auffächern. Auf den Hauptästen stehen die Ideenbereiche.
4) Den Hauptästen werden beliebig viele Zweige und Nebenzweige angefügt, die einzelne Ideen und Ideengruppen darstellen. Die Äste und Zweige werden mit entsprechenden Stichwörtern versehen. Die Beschriftung sollte nicht in ganzen Sätzen erfolgen, Schlüsselwörter bzw. Stichwörter sind ausreichend. Diese genügen, um dem Gehirn die nötige Information für eine Idee zu geben. Das Gehirn verknüpft jedes Stichwort spontan mit bestimmten Gedankenbildern und Assoziationen. Durch das Weglassen von erklärenden Worten kann ein *Mind-Map* in kürzester

Zeit komplexe Zusammenhänge visualisieren. Es sollten individuelle Schlüsselwörter benutzt werden. Das stellt sicher, dass auch später mit den Begriffen Gedankenbilder und Ideen assoziiert werden.

5) Die Hauptäste sollten mit Blockbuchstaben beschriftet werden, da diese auch noch über Kopf gelesen werden können. Merke: Begriffe, die kürzer als zwanzig Buchstaben sind, werden von der rechten Gehirnhälfte im ersten Augenblick als Bild erfasst, nicht als Text. Verschiedene Farben können beim Gestalten von *Mind-Maps* nützlich sein, um eine Zugehörigkeit besser darzustellen.
6) Wenn Zweige später an andere Stellen verschoben werden sollen, können sie einfach mit einem „Lasso" eingekreist und mit einem Pfeil verschoben werden. Bei Verwendung von Karten auf einer Pinnwand lassen sich diese ohnehin leicht umstecken.
7) Symbole und Bilder: Mit Symbolen, Bildern oder Piktogrammen können *Mind-Maps* noch wirkungsvoller und übersichtlicher gestaltet werden.
   Beispiele:
   Zeit, Termine: 🕒
   Aufpassen: ☝
   Einspruch: ϟ
   Zusammenhänge: ➔
8) Auswertung: Nachdem das *Mind-Map* entwickelt ist, können durch Nummerierungen Prioritäten gesetzt und Reihenfolgen der Bearbeitung festgelegt werden.
9) Wenn an einen Ast oder Zweig sehr viele Assoziationen anknüpfen, kann das ein Hinweis auf einen besonders interessanten Punkt sein. Ein neues *Mind-Map* mit diesem Schlüsselwort als Mittelpunkt kann zu neuen Ergebnissen führen.

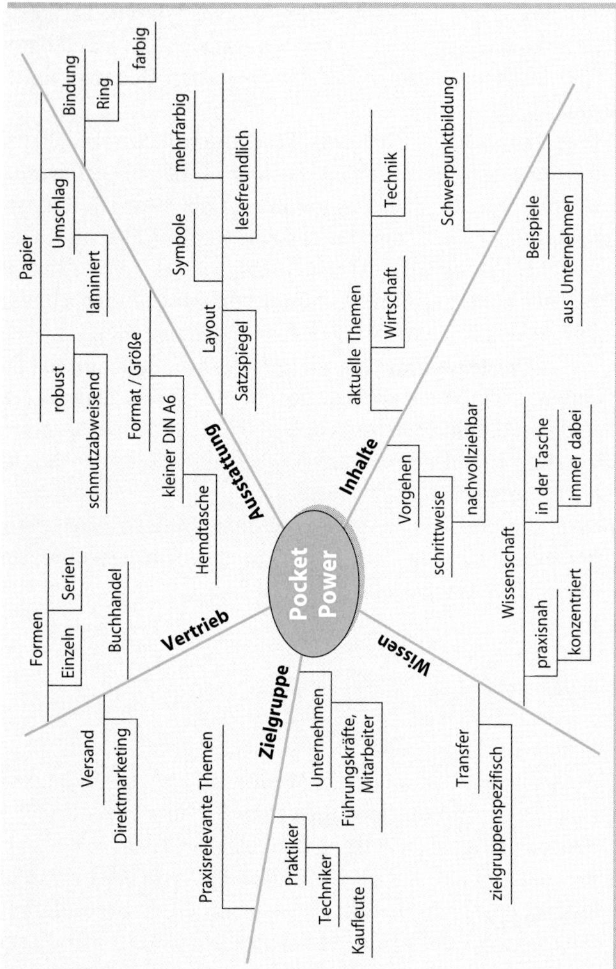

Bild 19: *Beispielhafte Darstellung eines Mind-Maps*

Die aufgestellten Regeln für das *Mind-Mapping* müssen nicht streng eingehalten werden. Versuchen Sie selbst, welche Strukturen am besten zu Ihnen und Ihrem Team passen.

Parallelen zum Ursache-Wirkungs-Diagramm

Die Struktur eines *Mind-Maps* erinnert an das Ursache-Wirkungs-Diagramm, einem Werkzeug der Q7 (siehe Pocket Power „Qualitätstechniken“). Aufgabe des Ursache-Wirkungs-Diagramms ist das Finden und Visualisieren von Ursachen für ein Problem. Dabei werden Haupt- und Nebenursachen zerlegt und in Form von Pfeilen auf einen Hauptpfeil, der auf das Problem deutet, gelenkt. Haupteinsatzgebiet des Ursache-Wirkungs-Diagramms sind qualitätsverbessernde Teams, z. B. Qualitätszirkel in der Produktion. Mögliche Ursachen für aufgetretene und zu beseitigende Probleme werden in die 6 M eingeteilt: Mensch, Maschine, Milieu, Material, Methode, Messung. Die 6 M werden fischgrätenartig angeordnet (daher auch Fischgrätendiagramm oder Ishikawa-Diagramm nach seinem Entwickler). Einzel- und Nebenursachen werden dann mit den vom *Brainstorming* bekannten 6 W gesucht: Was? Wann? Wo? Warum? Wer? Wie?

Übungsaufgaben

Das Erstellen von *Mind-Maps* ist anfangs ungewohnt. Geübt werden kann das *Mind-Mapping* folgendermaßen:

- Zeichnen Sie ein einfaches *Mind-Map* mit dem Thema „Rot“ in die Mitte und mit zehn Hauptästen. Schreiben Sie nun zehn Assoziationen zur Farbe Rot auf die Hauptäste.
- Entwickeln Sie ein *Mind-Map* einer angenehmen Erinnerung, z. B. „mein letzter Urlaub“.

- Nun sind Sie gerüstet für ein *Mind-Map*, das Ihnen hilft, ein für Sie persönlich unerledigtes Problem zu lösen!
- Planen Sie die Aufgaben des heutigen Tages mit einem *Mind-Map*.
- Auch eine Einkaufsliste oder die Vorbereitung für eine Reise lässt sich schnell und übersichtlich mit einem *Mind-Map* erstellen. So können Sie sichergehen, später nichts Wesentliches zu vergessen.
- Seien Sie nicht verunsichert von dem Phänomen, dass *Mind-Maps* verschiedener Menschen zum gleichen Thema unterschiedlich ausfallen.

- Ordnung, ja oder nein? Ob Ihr *Mind-Map* eine bestimmte Struktur erhalten soll, können Sie jedes Mal neu bestimmen. Bei kreativen Aufgaben kann das Streben nach Ordnung in der ersten Phase eher hinderlich sein. Schreiben Sie lieber alle Einfälle und Assoziationen spontan an irgendeine Stelle im *Mind-Map*, und legen Sie später ein zweites geordnetes *Mind-Map* an.
- Sprachebenen beachten! Es erleichtert die Konzentrationsfähigkeit auf bestimmte Wortarten, wenn verschiedene Sprachebenen bewusst gemacht werden. Beispiel: Die Wortreihe „Mieze, Katze, Haustier, Säugetier“ fängt mit einem konkreten Lebewesen an und gelangt dann auf immer abstraktere, allgemeinere und überlappende Ebenen.

▶ Wenn Sie sich über die Struktur eines Problemfeldes noch nicht sicher sind, empfiehlt es sich, die einzelnen Stichwörter auf Karten oder Haftnotizen zu notieren. Das hat den Vorteil, die notierten Ideen leicht verschieben und miteinander kombinieren zu können, so lange, bis die Struktur schlüssig ist. Die Übersichtlichkeit eines *Mind-Maps* kann durch die Wahl verschiedener Farben für Haupt- und Nebenäste erhöht werden.

Mind-Mapping ist ein sehr rasch erlernbares Werkzeug. Für viele Menschen wirkt es aber anfangs ungewohnt und unseriös. Sie tendieren dazu, eher darauf zu verzichten und nach einer Gruppenanwendung eher wieder auf herkömmliche Weise (in Fließtext) Notizen zu fixieren. Setzen Sie sich über die ersten Hürden hinweg, die Methode ist sehr effizient und produktiv. Sie werden sie bald nicht mehr missen mögen.

Vertiefung: „Die Walt-Disney-Stategie"

WORUM GEHT ES?

Walt-Disney hat seine kreativen Projekte durch die strikte Einhaltung von drei Rollen (Denkmodellen) durchgesetzt. Die Rollen sind: „der Träumer", „der Realist", „der (konstruktive) Kritiker".

WAS BRINGT ES?

Durch die Verbindung der Walt-Disney-Strategie mit *Mind-Mapping* kann man rasch ein Problem durchdringen.

WIE GEHE ICH VOR?

Schritt 1) Festlegung der Ziele. Was will man erreichen?

Schritt 2) Erstellung eines Mind-Maps in der Rolle des Träumers: „Was ist alles möglich, wie lassen sich die Ziele realisieren?" Die Ideen dürfen ruhig auch ungewöhnlich oder verträumt sein. Wenn das *Mind-Map* von einer Person erstellt wird, nehmen Sie einen DIN-A3-Bogen, bei mehreren Personen eignet sich gut ein großes Meta-Plan-Papier.

Schritt 3) Nun eine realistische Perspektive einnehmen: „Wie lässt sich das umsetzen?“ Diese Ideen mit einem andersfarbigen Stift in das *Mind-Map* zusätzlich eintragen.

Schritt 4) Nehmen Sie nun die Position eines (konstruktiven) Kritikers ein: „Woran könnte es scheitern und wie lässt sich dieses Risiko ausschalten/minimieren?“ Die Ideen werden wiederum mit einer anderen Farbe in das Mind-Map eingetragen.

Schritt 5) Bewertung der einzelnen Ideen und Bestimmen der Aspekte, die man sofort umsetzen will.

Die Zeitdauer der einzelnen Schritte ist von der Komplexität der Fragestellung abhängig.

3.8 Progressive Abstraktion

WORUM GEHT ES?

Das von Geschka entwickelte Werkzeug dient der systematischen Problemerkennung. Eine zentrale Bedeutung hat die Frage: *„Worum geht es tatsächlich?“* Ausgehend von einem Ursprungsproblem wird durch Anwendung dieser Frage schrittweise ein höheres Abstraktionsniveau eines Problems erreicht. Dabei wird versucht, von möglicherweise oberflächlichen und ungenauen Problemauffassungen zu exakteren, zielbezogenen „Kerndefinitionen“ zu gelangen.

Das Werkzeug trennt schnell das Wesentliche von dem Unwesentlichen und könnte darum auch Problementstehungsanalyse genannt werden. So könnte beispielsweise Warteschlangen an Bankschaltern Freitagnachmittag (Kundenwunsch: am Wochenende einkaufen zu können) mit mehr geöffneten Schaltern begegnet werden. Es könnten aber auch Filialen am Freitag länger geöffnet bleiben oder am Samstag öffnen. Auch das Aufstellen von Geldautomaten wäre denkbar, die auch am Wochenende mit Kundenkarten bedient werden können. Doch sind das die tatsächlich im Sinne des Kunden richtigen Antworten auf das Problem? Fragt man weiter, kommt es den Kunden im Grunde darauf an, die Wochenendaktivitäten bezahlen zu können (z. B. essen und einkaufen gehen). Durch die Ausgabe einer Kreditkarte, die in Geschäften und Restaurants anerkannt wird, wäre das Problem gelöst. Durch die mehrfache Anwendung der Frage „*Worum geht es eigentlich?*" wird eine stufenweise Erhöhung des Abstraktionsniveaus erreicht.

WAS BRINGT ES?

Für die Lösung von Innovationsproblemen ist die gründliche Analyse des Problems Voraussetzung. Andernfalls ist es wahrscheinlich, dass sich mit nahe liegenden Lösungsansätzen zufrieden gegeben wird, die jedoch nur kurzfristig Wirkung zeigen und wenig innovativ sind. Durch das Arbeiten mit der *progressiven Abstraktion* kann man häufig feststellen, dass eine Lösung im Nachhinein anders aussieht, als ursprünglich angenommen. Durch dieses Werkzeug werden auch die Grenzen der eigenen Fähigkeiten und der Zusammenhang mit anderen Systemen, auf die man selbst keinen Einfluss hat, erkannt. Wirksame Lösungen setzen voraus, dass alle wichtigen Komponenten der problematischen Situation und deren Zusammenhänge erkannt werden.

Das Problem wird zunächst als Symptom bestimmter Ursachen aufgefasst. Diese Ursachen stellen meist Teilprobleme dar, die entsprechend wieder als Symptome dahinter liegender Ursachen verstanden werden können. Die Problemdefinition umfasst dann sowohl die endgültigen Ursachen als auch die Liste der Symptome, zu denen sie geführt haben.

WIE GEHE ICH VOR?

Ablauf

Die Rahmenbedingungen wie Gruppengröße, Einsatz von Moderator und Protokollant entsprechen denen des *Brainstormings*. Allerdings wird bei dieser Methode die *Brainstorming*-Phase mehrmals, dafür aber verkürzt auf unterschiedliche Fragestellungen angewendet.

1) Ausgangsformulierung des Problems.
2) Sammlung möglicher Lösungen. Ausgehend von einer vorläufigen Problemdefinition werden nun in Form eines Kurz-*Brainstormings* erste Ursachen gefunden.
3) Kritisieren der gefundenen Lösungen. Was ist unbefriedigend oder besser lösbar? Abweichend von den *Brainstorming*-Regeln setzt nun eine kurze Kritikphase an den bisher gefundenen Lösungen ein, um die Teilnehmer für die tiefer liegenden Ursachen zu sensibilisieren.
4) Worauf kommt es eigentlich an? Nun versucht man eine abstrahierte Problemformulierung zu finden. Das nun formulierte Problem hat einen größeren Einflussbereich als das ursprünglich betrachtete.
5) Sammeln von möglichen Lösungen zur abstrahierten Problemformulierung. Nun werden zu der abstrahierten Problemformulierung Lösungen gesucht.
6) Auch diese Lösungen werden wieder kritisiert, um auf ein höheres Abstraktionsniveau zu gelangen.
7) Worauf kommt es eigentlich an? Erneute Abstraktion.
8) Diese Schritte werden so lange durchgeführt, bis eine befriedigende Durchdringung des Problems erreicht ist.
9) Das Ende ist erreicht, wenn die Problemlösungen außerhalb des Einflussbereiches der Problemlösungsgruppe oder des Unternehmens liegen.

Das Unternehmen: Hersteller von Büroartikeln

Ausgangsproblem:

Verbesserung der bisher produzierten Papier-Locher.

Lösungen:

- Elektrischer Antrieb (unbefriedigend: Stromanschluss erforderlich).
- Veränderte Stanzengeometrie (unbefriedigend: es muss gestanzt werden).
- Bessere Werkstoffe (zu kostenintensiv).
- usw.

Worauf kommt es eigentlich an?

- Dokumente müssen archiviert werden.

Problemformulierung des 1. Abstraktions-Niveaus:

Auf welche Weise kann man Dokumente archivieren?

Lösungen:

- Dokumente stapeln (unordentlich).
- Dokumente im Stehsammler sammeln (Dokumente können knicken).
- Dokumente heften (nicht ohne Schaden lösbar).
- Dokumente binden (aufwendig, nicht mehr voneinander lösbar).

Worauf kommt es eigentlich an?

- Dokumente wieder trennbar zusammenheften und ohne Schaden archivieren.

Problemformulierung des 2. Abstraktions-Niveaus:

Wie können Dokumente wieder trennbar zusammengeheftet und ohne Schaden archiviert werden?

Lösungen:

- Archivieren der Dokumente in Hängeregister (unübersichtlich).
- Archivieren der Dokumente in Klemmmappen (zu wenig Blätter pro Mappe).
- Archivieren mit Sichthüllen in den Ordnern (zu aufwendig).

Worauf kommt es eigentlich an?

- Dokumente unversehrt archivieren und schnell auf sie zugreifen können.

Problemformulierung des 3. Abstraktions-Niveaus:

Wie kann man schnell auf gut archivierte Dokumente zugreifen?

Lösungen:

- Dokumente einscannen, abspeichern in einer Datenbank.
- Mikrofiche anfertigen.
- Informationen auf eine CD brennen.
- Von einem externen Unternehmen archivieren lassen (zu kostenintensiv).

Worauf kommt es eigentlich an?

...

Bild 20: *Beispiel für eine progressive Abstraktion*

Durch die Fragestellung „Worauf kommt es eigentlich an?" kann es leicht passieren, dass die Ergebnisse über den möglichen Kompetenz- und Maßnahmenbereich des Problemlösers hinausreichen. Deswegen kann es sinnvoller sein, diese allgemeine Fragestellung durch speziellere Fragen zu ersetzen, die stärker an die Zielsetzung des Unternehmens gekoppelt sind.

3.9 Morphologischer Kasten

WORUM GEHT ES?

Der *Morphologische Kasten* wurde von dem Schweizer Astrophysiker Zwicky entwickelt. Der *Morphologische Kasten* ist das bekannteste von verschiedenen morphologischen Werkzeugen. Ziel des Werkzeuges: Die Lösung des Problems soll durch eine Zerlegung in Einzelaspekte erreicht werden. Bei dem *Morphologischen Kasten* wird ein Problem mehrdimensional klassifiziert. Dadurch wird es möglich, eine strukturelle und funktionale Durchdringung zu erreichen. Das Werkzeug wird hauptsächlich bei Konstellationsproblemen eingesetzt, kann aber auch ein abgegrenztes Suchproblem unterstützen.

Das Wort „Morphologie" ist griechischen Ursprungs und bedeutet „Lehre der Gestaltung, Strukturierung, Formung". Jede nach einem bestimmten Verfahren hergestellte Ordnung wird als Morphologie bezeichnet. Daher spricht man auch von der „Lehre des geordneten Denkens".

WAS BRINGT ES?

Besonders für Personen, die es gewohnt sind, technisch-analytisch zu denken, ist diese Methode empfehlenswert, da sie an die gewohnte Herangehensweise an Probleme erinnert.

Zu lösende Probleme werden in abgegrenzte Teilaspekte zerlegt und diese Bereiche dann jeweils variiert. Durch beliebige Variation entstehen zahlreiche neue potenzielle Lösungswege, so dass die Wahrscheinlichkeit steigt, möglichst nahe am denkbaren Lösungsoptimum zu liegen. Der vorschnellen Bewertung von Lösungen und dem Verharren auf einer vermeintlich guten Lösung wird entgegengewirkt. Durch die Anwendung des *Morphologischen Kastens* werden Defizite bisheriger Lösungen rasch erkannt, die man nun schließen kann.

Ein weiterer Vorteil des *Morphologischen Kastens* ist die quasi automatische Protokollierung der Ergebnisse auf dem Formular. Das Werkzeug ist sowohl für die Gruppenanwendung als auch für die Einzelbearbeitung geeignet. Mit der Erstellung eines *Morphologischen Kastens* sollten Fachleute betraut werden. Der Schwierigkeitsgrad dieses Werkzeugs ist relativ hoch. Wird ein *Morphologischer Kasten* in einer Gruppe erstellt, werden hohe Anforderungen an den Moderator gestellt.

WIE GEHE ICH VOR?

Ablauf

1) Analyse und Definition des Problems.
2) Bestimmung der Parameter: Merkmale, die bei allen Lösungen z. T. unterschiedlich gestaltet vorkommen, werden zu übergeordneten Parametern zusammengefasst und in die erste Spalte des Formulars eingetragen (Bild 21).
3) Bestimmung möglicher Ausprägungen der Parameter: Sie werden rechts in die Felder neben den Parametern eingetragen.
4) Bestimmung der Kombinationen: Jede mögliche Kombination einzelner Ausprägungen stellt eine Lösung dar, die mit einer Linie verbunden wird. Es ergeben sich in der Regel zahlreiche Lösungen.
5) Alternativauswahl: Erst jetzt werden die technisch oder wirtschaftlich nicht interessanten Lösungen ausgeschlossen.

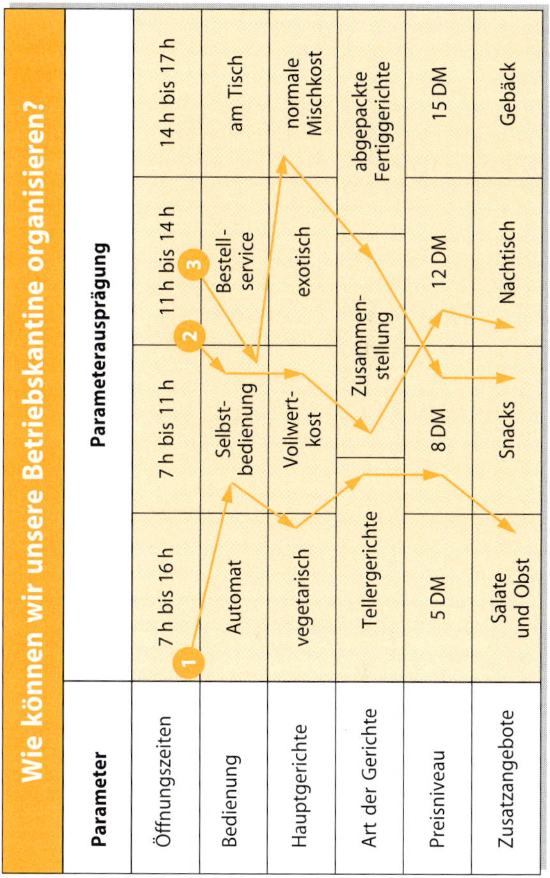

Bild 21: *Morphologischer Kasten am Beispiel des Problems „Wie können wir unsere Betriebskantine organisieren?“ mit drei erarbeiteten Lösungswegen*

- Stellen Sie zuerst eine einfache Liste möglicher Parameter auf, und überarbeiten Sie sie so lange, bis folgende drei Anforderungen erfüllt werden:
  - *Logische Unabhängigkeit.* Wenn sich Parameter wechselseitig bedingen, können die Ausprägungen nicht mehr zu alternativen Gesamtlösungen kombiniert werden.
  - *Allgemeine Gültigkeit.* Die Parameter sollten auf sämtliche Lösungen zutreffen und nicht nur auf eine Teilmenge.
  - *Relevanz.* Unwesentliche Details machen den *Morphologischen Kasten* unübersichtlich und erschweren die Auswahl der relevanten neuen Kombinationen.
- Die Gesamtparameterzahl sollte nicht über sieben liegen.
- Achtung! Auch Ausprägungen, die für sich genommen nicht optimale Lösungen darstellen, können durch Kombinationen mit anderen Ausprägungen zu sehr guten Gesamtlösungen führen.
- Daher: Vorzeitige Kritik und Bewertung vermeiden.
- Durch Zerlegung in Teilmatrizen kann die sich schnell ergebende hohe Komplexität reduziert werden.

Der kritische Schritt ist das vollständige Herauskristallisieren der Parameter. Mit Hilfe einer Reihe von Techniken kann man aber das Problemverständnis erhöhen und so zu der Erfassung der Parameter kommen:

- *Visualisierungen, z. B. mit Mind-Mapping.*
- *Betrachtung von existierenden Einzellösungen und eine anschließende Verallgemeinerung des Parameters.*
- *Die von den Q7 bekannten W-Fragen: Was? Wann? Wo? Warum? Wer? Wie?*

3.10 Methode 635

WORUM GEHT ES?

Methode 635 ist ein Werkzeug, das die intuitive Ideenfindung unterstützt und vor allem bei Suchproblemen eingesetzt wird. Die *Methode 635* wird auch als Brainwriting bezeichnet. Wie auch beim *Brainstorming* sollen sich die Teilnehmer durch ihre Ideen wechselseitig anregen und daraus Anknüpfungen sowie Analogien bilden. Dies geschieht bei der *Methode 635*, anders als beim *Brainstorming*, auf schriftlichem Wege.

Die *Methode 635* ist einfach anzuwenden. Dadurch, dass Ideen in einer Gruppensitzung an die anderen Teilnehmer schriftlich weitergegeben werden, entsteht automatisch ein Protokoll. Solche Sitzungen dauern meistens nicht länger als eine Stunde. Im Idealfall ergeben sich bei der *Methode 635* in kurzer Zeit zahlreiche Lösungsvorschläge.

WAS BRINGT ES?

Die Anwendung des Werkzeugs bedarf keiner besonderen Moderation. Die *Methode 635* sollte eingesetzt werden, wenn in der Problemlösungsgruppe Spannungen und Konflikte zu befürchten sind oder wenn die Gefahr besteht, dass eine Person verbal eine bestimmende Rolle einnehmen könnte. Bei der *Methode 635* werden alle Teilnehmer aktiviert. Ein weiterer Anwendungsbereich sind komplexere Probleme, die mehrdimensionale Denkprozesse erfordern, die durch Diskussionen gestört werden könnten.

WIE GEHE ICH VOR?

Seinen Namen erhielt das Werkzeug aus folgendem Grund:

- *6 Personen* notieren jeweils auf verschiedene Formulare
- *3 Ideen*
- innerhalb von *5 Minuten*.

Problem *Welchen zusätzlichen Service könnten wir als Möbelspedition unseren Kunden anbieten?* **Teilnehmer** *Müller, Maier, Krämer, Walter, Schwarz, Rösch*		
Vorschläge		
Reinigen der Möbel (Müller)	*Transportservice für Haustiere (Müller)*	*Bewachung wertvoller Gegenstände (Müller)*
Bei Bedarf neue Möbel anbieten / vermitteln (Maier)	*Pension für Haustiere eröffnen (Maier)*	*Übernacht-(24 h-) Umzugsservice anbieten (Maier)*
Möbelverleih betreiben (Krämer)	*Umzüge typspezifisch anbieten, z.B. für Manager, Familien (Krämer)*	*Sofortservice anbieten (Krämer)*
... *(Walter)*	... *(Walter)*	... *(Walter)*
... *(Schwarz)*	... *(Schwarz)*	... *(Schwarz)*
... *(Rösch)*	... *(Rösch)*	... *(Rösch)*

Bild 22: *Beispielhaft ausgefülltes Formular der Methode 635*

Das Formular (möglichst DIN A3) ist einfach zu erstellen: Es besteht aus drei Spalten, sechs Zeilen und zusätzlich einer Kopfzeile, in der die Problemformulierung und die Teilnehmer der Sitzung festgehalten werden (siehe Bild 22).

Ablauf

1) *Problemdefinition:* Das Problem wird vorgestellt und diskutiert. Anschließend wird ggf. die geänderte Problemformulierung festgehalten.
2) *Lösungsvorschläge sammeln:* Jeder Teilnehmer trägt in die oberste Zeile seines Formulars innerhalb von fünf Minuten drei Ideen ein.
3) *Formularweitergabe:* Die Formulare werden im Uhrzeigersinn an den Nachbarn weitergegeben.
4) *Anknüpfung:* Jeder Teilnehmer hat nun die von seinen Vorgängern vorliegenden Ideen vor sich. Er fügt nun innerhalb von fünf Minuten weitere drei Ideen hinzu. Diese können eine Ergänzung oder Variation zum Vorgänger darstellen oder völlig neu sein. Punkt 3) und 4) werden so lange wiederholt, bis jeder Teilnehmer jedes Formular einmal beschrieben hat.
5) *Auswertung:* Nun folgt die Analyse der Vorschläge. Es ist sinnvoll, zur Ideenbewertung die Formulare noch einmal herumzureichen. Dabei soll jeder Teilnehmer die für ihn Erfolg versprechendsten Vorschläge ankreuzen. Danach erfolgt die Erörterung und Diskussion der Lösungsvorschläge.

- Steigern Sie die Bearbeitungszeit in fortschreitenden Runden auf sieben bis acht Minuten, da die Teilnehmer die Vorgängerideen zunächst durchlesen, erfassen und gedanklich verarbeiten müssen.
- Bei größeren Gruppen können Sie mehrere *Methode 635*-Gruppen ansetzen, die ihre Ergebnisse später in großer Runde vortragen.
- Natürlich funktioniert diese Methode auch bei weniger Teilnehmern.

- Undeutliche Schrift.
- Unverständliche Formulierungen/Zeichnungen.
- Zwischengespräche.
- Negative Bemerkungen zu einzelnen Ideen.

Vertiefung 1: Brainwriting-Pool

WORUM GEHT ES?

Schlicksupp entwickelte den *Brainwriting-Pool* auf Grund der festgestellten Nachteile bei der Anwendung der *Methode 635*. Zum einen kann die Aufforderung, sechs Mal hintereinander jeweils drei Ideen in fünf Minuten zu entwickeln, von Teilnehmern als Denkblockade empfunden werden. Zum anderen ist die Stimulierungswirkung bei der *Methode 635* geringer als beim *Brainstorming*, da sich die Teilnehmer nicht verbal austauschen und eine unmittelbare (spontane) Reaktion auf Ideen nicht stattfindet. Deshalb wird bei der Methode des *Brainwriting-Pools* die Anforderung der zeitlichen Reglementierungen und der gerichteten Weitergabe der Ideen aufgegeben.

WAS BRINGT ES?

Die Benutzung des *Brainwriting-Pools* hat den Vorteil, dass der Zeittakt der *Methode 635* aufgehoben wird. Jeder Teilnehmer kann die Ideenproduktion seinem persönlichen Arbeitsrhythmus anpassen. Der freie Formulartausch ermöglicht den Zugang zu allen Ideen der anderen Teilnehmer. Es ist zudem kein besonderes Formular nötig.

WIE GEHE ICH VOR?

Die Teilnehmerzahl beträgt vier bis acht Personen. Als Zeitrahmen werden üblicherweise 20 bis 40 Minuten angesetzt.

Ablauf

1) Zu Beginn denkt sich jeder Teilnehmer zur formulierten Problemstellung Lösungsvorschläge aus und dokumentiert sie auf einem Blatt Papier. Dabei gibt es keine Zeitbeschränkung.
2) Fällt einem Teilnehmer kein neuer Vorschlag ein, tauscht er sein beschriebenes Blatt mit einem Blatt aus der Tischmitte (dem *Brainwriting-Pool*) aus, lässt sich von den dort aufgeschriebenen Ideen anregen und schreibt neue Ideen dazu. Dies kann beliebig häufig geschehen (viele Extrablätter bereithalten!). Das Ergebnis: zahlreiche Lösungsvorschläge.

Vertiefung 2: Collective-Notebook-Methode

WORUM GEHT ES?

Eine weitere *Brainwriting*-Methode ist die *Collective-Notebook-Methode* von *Haeffele*. Bei ihr sind Teilnehmer nicht mehr an eine Gruppensitzung gebunden, sondern können neben der normalen Tagesarbeit Ideen produzieren und festhalten.

WAS BRINGT ES?

Die *Collective-Notebook-Methode* hat den Vorteil, dass die Teilnehmer räumlich und zeitlich ungebunden sind. Somit ist diese Methode auch für zeitlich angespannte Mitarbeiter anwendbar. Außerdem entspricht der Aufbau dieser Methode auch den Untersuchungsergebnissen, dass einem Lösungsideen häufig spontan einfallen, besonders dann, wenn sich mit dem Problem nicht bewusst beschäftigt wird.

WIE GEHE ICH VOR?

1) Notizbücher werden an die Teilnehmer verteilt, in denen die Problemstellung formuliert ist. Die Teilnehmerzahl ist nicht begrenzt.
2) Jeder Teilnehmer soll in diesem Notizbuch eine eigenständige Problemanalyse durchführen und alle ihm einfallenden Lösungsvorschläge formulieren. Außerdem sollen alle Einfälle, die im Laufe des Tages (oder eines längeren Zeitraums) entstehen, dokumentiert werden.
3) Die Notizbücher werden anschließend gesammelt und ausgewertet.
4) Danach kommen die Teilnehmer (Ideengeber) zusammen und sichten und diskutieren die gesammelten Ideen.

Dieses Werkzeug eignet sich gut, um sich im Vorfeld eines anzugebenden Problems einen Überblick über mögliche Lösungsvorschläge zu verschaffen.

3.11 Synektik-Sitzung

WORUM GEHT ES?

Der Amerikaner *Gordon* entwickelte das Werkzeug der *Synektik-Sitzung*. Das Prinzip ist die Übertragung von fremden Strukturen auf die eigene Problemstellung. Dabei werden zwei Prinzipien verfolgt:

- Das Fremde vertraut machen.
- Das Vertraute fremd machen.

Der Name dieser Methode stammt aus dem Griechischen von *synechein* = „verknüpfen, in Verbindung bringen".

Es ist ein intuitives Problemlösungswerkzeug, das für Konstellationsprobleme eingesetzt wird. Der Ablauf entspricht den Phasen des kreativen Prozesses.

WAS BRINGT ES?

Die *Synektik-Sitzung* gilt in der Literatur als ein Erfolg versprechendes Werkzeug, Lösungen zu erzeugen. Durch die Verfremdung bekannter Tatbestände soll verhindert werden, dass Personen, die als Problemlöser fungieren, voreingenommen gegenüber bestimmten Lösungen und Lösungsschemata sind und so möglicherweise Lösungsmöglichkeiten übersehen werden. Das Werkzeug stellt allerdings hohe Anforderungen an den Moderator und den Protokollanten einer Gruppenarbeit. Für die Durchführung einer *Synektik-Sitzung* sollte mindestens ein halber Tag eingeplant werden.

WIE GEHE ICH VOR?

Ablauf

Der Ablauf lässt sich durch den sog. *Synektischen Trichter* darstellen. Er besteht aus zehn Schritten (Bild 23).

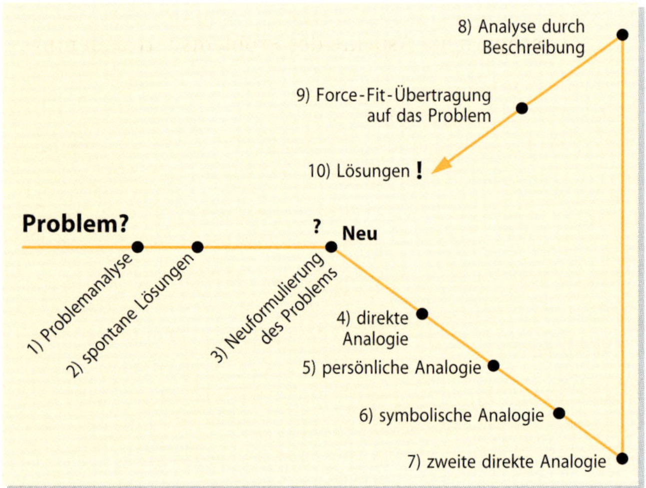

Bild 23: *Der Synektische Trichter*

Quelle: Linneweh, K.: Kreatives Denken, Gitzel, Rheinzabern 1984.

Um der folgenden Darstellung des Ablaufs zu folgen, sollte Bild 23 herangezogen werden.

Phase 1: Vorbereitungsphase

1) *Einleitung, Problemanalyse:*
Die Vorgehensweise von *synektischen Sitzungen* wird den Teilnehmern erläutert. Die Problemstellung wird vom Moderator erörtert, Verständnisfragen werden diskutiert, Informationen werden gesammelt. Dadurch ergeben sich häufig schon neue Aspekte des Problems (etwa 30 min).
2) *Spontane Lösungen erfassen:*
Die Teilnehmer sollen z. B. mit Hilfe des *Brainstormings* alle ihnen einfallenden Lösungsideen nennen, um unbelastet in den anschließenden Synektik-Prozess gehen zu können (etwa 10 min). Die Lösungsvorschläge werden z. B. auf einem Flipchart dokumentiert.
3) *Neuformulierung des Problems:*
Damit alle Sitzungsteilnehmer das gleiche Problemverständnis bekommen, kann es sinnvoll sein, das Problem im Anschluss an die Ideensammlung neu zu formulieren.

Phase 2: Inkubationsphase

4) *Bildung einer direkten Analogie zum Problem:*
Beispielsweise aus der Natur in Form eines *Brainstormings* (etwa 20 min).
5) *Bildung einer persönlichen Analogie:*
Eine gefühlsbetonte Projektion soll eine starke Identifikation mit der ausgewählten Analogie erreichen. Frage: Wie fühle ich mich als ... Rosenknospe? (Etwa 20 min)
6) *Bildung einer symbolischen Analogie:*
Verdichtung des Hauptgefühls; weitere Problementfernung; Bildung einer möglichst paradoxen Analogie aus einem Adjektiv und einem Substantiv (etwa 10 min).

7) *Zweite direkte Analogie:*
Verknüpfung der symbolischen Analogie mit einem weiteren Bereich (z. B. aus der Technik) (20 min).

8) *Analyse der direkten Analogie:*
Mit Merkmalen und Funktionsprinzipien werden die Analogiebegriffe analysiert (20 min).

Phase 3: Illumination/Geistesblitz

9) *Force-Fit: Übertragung auf das Problem:*
Zurückführen der Lösungen aus Schritt 8 auf das in Schritt 3 formulierte Ausgangsproblem (etwa 30 min).

Phase 4: Verifikation

10) *Entwicklung von Lösungsansätzen:*
Im Anschluss werden die gefundenen Lösungsansätze weiterentwickelt.

Mit dieser Methode sollen entfernte Wissenselemente zu neuen Ergebnissen kombiniert werden. Das wird durch einen vierfachen Verfremdungsprozess erreicht, in dem völlig neue Sachbereiche in Verbindung mit dem bekannten Problem gebracht werden. Dadurch wird ein wesentlich größerer Wissensbereich in die Problemlösung eingebracht, als dies mit herkömmlichen Werkzeugen zur Problemlösung möglich ist. Die eigentliche Verbindung zwischen den fremden Strukturen und dem Problem an sich wird im 9. Schritt erreicht. Dieser Schritt wird „Force-Fit“ oder „erzwungene Eignung“ genannt.

Beispiel für eine synektische Sitzung

Schritte	Ablauf
Problemanalyse	Kinder unterliegen der Gefahr, aus Neugier oder in der Verwechslung mit Süßigkeiten greifbare Medikamente in schädigenden Mengen einzunehmen. Das soll durch „kindersichere" Verpackung verhütet werden, die möglichst für alle Arzneimittel-Arten (Pillen, Pulver, Flüssigkeiten usw.) geeignet und nicht oder nur unwesentlich teurer als herkömmliche Verpackungen sind.
Spontanreaktion	„Intelligenzen" als Sicherheitsfaktoren einbauen, z. B. Tablettenröhrchen mit Zahlenschloss-Mechanik, Verpackungen, die nur mit speziellen Werkzeugen (z. B. einer Münze) zu öffnen sind. Packungsreize für Kinder mindern (Inhalt darf nicht klappern, unauffällige Form- und Farbgebung usw.).
Neuformulierung des Problems	Die Gruppe möchte sich auf mechanische Lösungen beschränken, d. h. Lösungen, bei denen Chemikalien oder elektrischer Strom eingesetzt werden, kommen nicht in Frage; ansonsten bleibt die Problemformulierung unverändert.
Bildung einer direkten Analogie zum Problem (z. B. aus der Natur)	Mit welchen Lösungen schützt sich die Natur vor unerwünschten Zugriffen? • Muscheln schließen ihre Schalen. • Maulwurf gräbt sich ein. • Chamäleon tarnt sich durch Farbanpassung an seine Umgebung. • Kastanien haben eine Stachelschale.

Schritte	Ablauf
Bildung einer direkten Analogie zum Problem (z. B. aus der Natur)	• Stinktier wehrt durch unangenehmen Geruch ab. • Küken schlüpfen unter die Glucke. • Rosen sind durch Stacheln geschützt. Die Gruppe wählt die Analogie „Kastanie" aus.
Persönliche Analogiebildung	Wie fühle ich mich als Kastanie? • Bin stolz auf meine Stacheln. • Habe Angst, beim Fall aufzuplatzen. • Möchte einem Mann auf die Glatze fallen. • Ich ersticke. • Fürchte, innerlich zu verfaulen. • Schade, dass ich so unvollkommen bin. • usw. Der Gruppe gefällt am besten die persönliche Analogie: „Ich möchte einem Mann auf die Glatze fallen."
Symbolische Analogie	Hierzu werden folgende symbolische Analogien gebildet: • Halsbrecherische Freude. • Morbide Lebenslust. • Spannende Gelassenheit. • Harmlose Gefährdung. • Masochistische Erwartung. • usw. Ausgewählt wird „morbide Lebenslust".
Zweite direkte Analogie	Auf welche technischen Geräte, Verfahren usw. könnte der Ausdruck „morbide Lebenslust" zutreffen? • Alte Dampflok. • Rennwagen. • Nitroglyzerinbehälter.

Schritte	Ablauf
Zweite direkte Analogie	• Skalpell. • Achterbahn. • Tiefsee-Tauchkugel. • Feuerwerk. • Fallschirm. • Wetterhahn. • usw.
Analyse und Force-Fit	Analyse der gefundenen Analogiebegriffe, z. B. „alte Dampflok" nach Merkmalen und Funktionsprinzipien und Übertragung der gefundenen Antworten auf das Problem (vgl. Schritt: Neuformulierung des Problems). Für den Begriff „alte Dampflok" in Bezug auf eine ausschließlich mechanische Lösungssuche bedeutet das: 1) Fährt langsam. 2) Auf schwere Lasten abgestimmt. 3) Hat viele Bedienungshebel. 4) Pleuelstangen bewegen sich hin und her. 5) Verwirrendes System von Leitungen. 6) Bremst durch Blockierungen. 7) Kohlefeuerung. 8) Stinkt nach Ruß. 9) Fährt nach Fahrplan.
Entwicklung von Lösungsansätzen ...	1) Aus „fährt langsam" ergibt sich: Drehverschluss, der sich erst bei bestimmter Drehgeschwindigkeit öffnen lässt (etwa nach dem Zentrifugalprinzip). 2) Aus „auf schwere Lasten abgestimmt" ergibt sich: Verschluss, der gegen einen Widerstand niedergedrückt werden muss, bevor das Gewinde greift.

Schritte	Ablauf
Entwicklung von Lösungsansätzen **...**	3) Aus *„hat viele Bedienungshebel"* ergibt sich: Packung mit mehreren Tastknöpfen, von welchen eine bestimmte Anzahl gedrückt werden muss, damit sie geöffnet werden kann. 4) Aus *„Pleuelstangen bewegen sich hin und her"* ergibt sich: An einem Röhrchen muss eine Längslasche in eine bestimmte Position verschoben werden. Erst dann lässt sich der Deckel abschrauben. 5) Aus *„verwirrendes System von Leitungen"* ergibt sich: Pillendose mit Innenlabyrinth. Nur ein definierter Bewegungsablauf führt eine Pille aus dem Labyrinth. 6) Aus *„bremst durch Blockierungen"* ergibt sich: Verschluss wird durch lösbaren Stift blockiert. 7) Aus *„Kohlefeuerung"* ergibt sich: Verschluss durch Thermoelement. 8) Aus *„stinkt nach Ruß"* ergibt sich: Pillen mit bitterer oder übelriechender Kaschierung versehen, die mit einer separaten Substanz vor dem Einnehmen neutralisiert wird. 9) Aus *„fährt nach Fahrplan"* ergibt sich: Pillenspender, der an eine Schaltuhr gekoppelt ist.

- Liegen keine Erfahrungen mit dieser Methode vor, sollte ein erfahrener Synektik-Moderator engagiert werden.

- Der gesamte Ablauf, auch die Phasen der Verfremdung, sollte für alle Teilnehmer sichtbar notiert werden – beispielsweise auf Flipchart.
- Die Anwendung des Werkzeugs sollte in Pilotprojekten trainiert werden, bevor es auf ein reales Problem angewendet wird.
- Der Moderator kann die 1. und 4. Analogie frei wählen. Es können Bereiche der Kunst, Geschichte, Wirtschaft, Politik, Mythologie u. a. gewählt werden. Es sollte darauf geachtet werden, dass bereits in der ersten Analogiestufe eine möglichst große Verfremdung auftritt.
- Lassen Sie sich durch anfängliche Hürden nicht abschrecken. Wenden Sie diese Methode an, wenn Sie zuvor trotz Anwendung anderer Kreativitätstechniken bisher zu keinen befriedigenden Lösungen gekommen sind.
- Achten Sie darauf, dass die Sitzung in einem ungestörten Rahmen stattfindet, losgelöst von Alltagssorgen. Entspannung und Ruhe bei der Verfremdung sind wesentliche Erfolgsfaktoren.

- Besonders bei dieser Methode ist es wichtig, persönliche Hemmungen zu überwinden, da neue Ergebnisse nur bei einer fröhlichen Atmosphäre zu erwarten sind. Die Verfremdungen sollten spielerisch vorgenommen werden.
- Die große Zahl an Ablaufschritten erweckt anfangs den Eindruck eines komplizierten Werkzeugs.

3.12 Visuelle Synektik

WORUM GEHT ES?

Ebenso wie bei der *Synektik-Sitzung* sollen bei der *visuellen Synektik* für den Lösungsprozess fremde Strukturen auf ein Problem übertragen werden. Anders als bei der *Synektik-*

Sitzung bedient sich hier der Verfremdungsprozess der Arbeit mit Bildern. Die Arbeitsprinzipien lauten:

- Verfremdung durch Bilder
- Konfrontation durch Bildelemente

WAS BRINGT ES?

Durch die Arbeit mit Bildern wird gezielt das rechte Gehirn angesprochen, dessen Fähigkeiten für die Kreativität im Problemlösungsprozess eine bedeutende Rolle spielen. Die *visuelle Synektik* hat den Vorteil, dass die Gruppe nicht viele Schritte abarbeiten muss, sondern relativ schnell mit der konkreten Suche nach Lösungsalternativen beginnen kann. Daher wird auch weniger Zeit benötigt. Ein weiterer Vorteil dieses Werkzeuges ist, dass die Phase der Entspannung der Teilnehmer bewusst eingeplant ist.

Für die Anwendung der visuellen Synektik bedarf es technischer und materieller Voraussetzungen: Entweder müssen mehrere Bildmappen oder eine Auswahl entsprechender Dias angeschafft werden. Ebenso sollten eine Musikanlage (Stereoanlage) und passende Musikstücke vorhanden sein.

WIE GEHE ICH VOR?

Die Methode wird in vier Schritte unterteilt:

1) *Klärung und Formulierung des Problems:*
   Am Ende dieses Schrittes soll das Problem präzise beschrieben sein.
2) *Entspannung und Verfremdung:*
   Die Teilnehmer lassen eine Reihe von Bildern je etwa zwei Minuten lang auf sich wirken. Die Bilder dieses Schrittes sollen eher ruhig sein und wenige Details haben. Die genaue Art der Motive ist nicht relevant. Die Bilder können

in Bildmappen zusammengefasst sein. Natürlich kann auch eine entsprechende Diakollektion zur Anwendung kommen. Um den Entspannungsprozess zu fördern, kann Hintergrundmusik gespielt werden. Durch den Bilderwechsel entfernen sich die Teilnehmer schrittweise vom Problem – sie gewinnen Abstand.

3) *Ideenfindung:*
Danach werden aus einem beliebigen Bild einzelne Bildelemente herausgegriffen und auf ihre Bedeutung für das Problem hin untersucht. Für diesen Schritt sollten Motive mit vielen Details gewählt werden. Das Thema des Bildes soll möglichst entfernt vom Problembereich sein, um eine erzwungene Eignung (Force-Fit) herbeiführen zu können.

4) *Evaluierung der gefundenen Lösungen.*
Jetzt werden die Lösungen bewertet und diskutiert.

Um die Entspannung durch Musik zu fördern, eignen sich am besten ruhige klassische Stücke oder speziell zur Entspannung produzierte neuere Werke.

Analysieren Sie ein beliebiges Bild. Suchen Sie nicht gezielt nach Bildern, die bereits eine starke Verwandtschaft zum Problem zeigen. Nur so kommt der Effekt der erzwungenen Eignung (Force-Fit) zustande. Gerade bei der Beschäftigung mit nicht zusammenhängenden Gebieten ergeben sich die interessantesten Lösungen.

3.13 Reizwortanalyse

WORUM GEHT ES?

Die Reizwortanalyse wurde von *Geschka* und *Schaude* am Batelle-Institut entwickelt. Es handelt sich um ein Werkzeug, das die Intuition fördert. Das Prinzip der *Reizwortanalyse* ist die Konfrontation der Problemlösungsgruppe mit problemfremden Bildern und Wörtern. Die angeregten Strukturübertragungen, Analogiebildungen oder Abstraktionen sollen neue Lösungsansätze bilden. Es handelt sich bei diesem Werkzeug quasi um eine verkürzte *Synektik-Sitzung*, in der die Phase der Analogiesuche ausgelassen wird.

WAS NÜTZT ES?

Die *Reizwortanalyse* versucht ohne wesentliche Verfremdung, Lösungen durch Strukturübertragungen zu erreichen. Ein Vorteil dieser Technik ist, dass mehrere Gegenstände zur Verfügung stehen. Es ist kein besonders ausgebildeter Moderator etwa wie bei *Synektik-Sitzungen* notwendig. Da sich das Werkzeug auf nur zwei Schritte bis zur Lösungssuche beschränkt, ist eine *Reizwortanalyse* in kurzer Zeit anwendbar.

WIE GEHE ICH VOR?

1) *Schriftliche Problemdefinition.*
2) *Problemfremde Reizwörter finden:*
   Zehn beliebige gegenständliche Begriffe (Reizwörter) werden ausgesucht. Hilfestellungen zum Finden von Begriffen bieten Lexika und Bücher. Auch ein Begriffs-*Brainstorming* kann durchgeführt werden.

3) *Reizwörter analysieren:*
   Die Begriffe werden anschließend untersucht nach
   - Prinzipien
   - Merkmalen
   - Strukturen
   - Gestaltausprägungen
4) *Beziehungen zum Problem herstellen, Lösungen finden:*
   Anschließend werden Beziehungen zwischen den im 3. Schritt gefundenen Aussagen und dem konkreten Problem hergestellt. Die Beziehungen dienen der Lösungsfindung.

Beispiel für eine Reizewort-Analyse

1) Problem:

Wie können 200 kg schwere Schränke auf einfache Weise so an der Wand befestigt werden, dass sie in allen Richtungen „im Lot" hängen?

2) Problemfremdes Reizwort wählen, z. B. „Vogel"

3) Reizwort analysieren:

a) Er fliegt oder schwebt.
b) Er hat Federn.
c) Er hat Krallen.
d) Er hat einen spitzen Schnabel.
e) Er hat häufig gute Augen.

4) Beziehung zum Problem herstellen und Lösung finden:

zu a): Am Schrank wird an der Unterseite ein Luftkissen angebracht; durch das kontrollierte Herauslassen der Luft wird die gewünschte Höhe genau eingestellt; der Schrank kann dann mühelos angeschraubt werden.

zu b): keine Idee
zu c): Sowohl auf der Rückseite des Schrankes als auch an der Wand werden Klettverschlüsse angebracht, der Schrank kann angeheftet werden.
zu d): Der Schrank wird oberhalb des Schwerpunktes an einem starken Draht aufgehängt und fixiert.
zu e): In den Schrank wird während der Montage ein Messgerät eingelegt, das anzeigt, ob der Schrank in allen drei Dimensionen ausbalanciert ist.

Quelle: Batelle: Die Batelle-Studie, Frankfurt/Main 1993.

Obwohl diese Technik relativ einfach klingt, wird Übung benötigt, um sie wirkungsvoll einsetzen zu können.

4 Persönliche Kreativität im Alltag

WORUM GEHT ES?

Mit den sieben Kreativitätswerkzeugen haben Sie sinnvolle und nützliche Ansätze an der Hand, um zielgerichtet und produktiv kreative Gedanken zu entwickeln.

Zusätzlich ist es aber auch wichtig, sich mit den eigenen spezifischen Fähigkeiten und inneren Vorstellungen zu beschäftigen.

Ihr kreatives Potenzial kann durch die Umgebung gefördert oder behindert werden. Gestalten Sie die Umgebung optimal für Ihre Bedürfnisse.

WAS BRINGT ES?

Indem Sie sich Ihrer eigenen kreativen Fähigkeiten bewusst werden und diese gezielt aktivieren, können Sie sich für neue Herausforderungen in einen Zustand versetzen, in dem Ihnen die entscheidenden Einfälle zufließen.

Durch die folgenden Tipps können Sie Ihr Potenzial aktivieren und erweitern und so ein kreatives Leben führen.

WIE GEHE ICH VOR?

Die eigene Definition für Kreativität finden

Kreativität ist ein sehr allgemeiner Begriff. Den Zugang zu Ihrer persönlichen kreativen Ausdrucksform finden Sie am leichtesten, wenn Sie Ihre individuellen Kriterien entwickeln:

1) Suchen Sie sich dazu drei Situationen, in denen Sie sich kreativ gefühlt haben. Es kann sich dabei auch um eine alltägliche Situation handeln – vielleicht haben Sie zur Lösung eines technischen Problems ein Provisorium ge-

bastelt, das gut funktioniert, oder Sie haben ein Kochrezept raffiniert verändert.
2) Finden Sie heraus, was Sie in diesem Moment über Ihren Ideenreichtum glauben.
3) Wie fühlt sich dieser Zustand im Körper an, was hören/sehen Sie?
4) Welche Körperhaltung nehmen Sie dabei ein?
5) Ergänzen Sie folgende Sätze: „Ich bin kreativ, weil ich ... kann.“, „Meine Kreativität drückt sich durch ... aus.“ „Kreativität ist für mich wie ...“
6) Benutzen Sie in Zukunft diese Informationen, um sich in einen kreativen Zustand zu versetzen.

Sein persönliches Territorium finden

Dem Kreativitätsforscher Csikszentmihalyi zufolge wissen die wenigsten Menschen von Anfang an, in welchem Bereich sie besonders kreativ sind.

Viele Menschen meinen, dass sie keinen Zugang zu Kunst, Sport, Wissenschaft oder Technik hätten, und schlagen um diese Bereiche grundsätzlich einen weiten Bogen – aus Unwissenheit, geringer Selbstachtung oder aufgrund früh etablierter Denkgewohnheiten.

Csikszentmihalyi regt deshalb an, sich ganz bewusst verschiedene neue Bereiche zu „erobern“. Nicht selten wird sich dabei Begeisterung für ein neues Thema einstellen, das einem vorher völlig gleichgültig war.

Freiräume erkennen und nutzen

Wenn wir uns im geschäftlichen Umfeld neuen Herausforderungen stellen, erkennen wir oft, wie viel eigentlich schon festgelegt ist: Anforderungen des Auftraggebers, Firmenregeln und -standards, technische Notwendigkeiten wie auch gesetzliche Regelungen scheinen keinen Platz mehr für kreative Einfälle zu lassen. Überall stößt man an Grenzen.

Es ist deshalb wichtig, sich darüber klar zu werden, welche Freiräume man in dieser Situation überhaupt hat, um dann dort gezielt kreative Ideen zu entwickeln.

Entspannungstechniken regelmäßig einsetzen

Wer kreative Ideen entwickeln will, muss sich schnell entspannen können, denn unser Gehirn arbeitet im entspannten Zustand deutlich kreativer als unter Stress. Gönnen Sie sich deshalb regelmäßig eine Ruhepause, finden Sie Ihre persönliche Entspannungstechnik.

Effektiv sind systematische Entspannungstechniken wie zum Beispiel Yoga, Tai-Chi und Autogenes Training.

Eine Technik, die leicht im Alltag angewendet werden kann, ist die Progressive Muskelentspannung nach Prof. Jacobson. Man kann sie auf dem Stuhl sitzend durchführen und sie dauert nicht länger als 10 Minuten. Indem man die Muskeln des Körpers abwechselnd anspannt und dann entspannt, wird der ganze Körper in einen entspannten Zustand gebracht.

Anleitung zur Progressiven Muskelentspannung nach Prof. Jacobson:

1. Setzen Sie sich ruhig und entspannt auf Ihren Stuhl. Schließen Sie, wenn Sie mögen, Ihre Augen.
2. Ballen Sie die rechte Hand zur Faust! Fest! Noch fester!
3. Lassen Sie nun die Hand ganz locker auf den Oberschenkel fallen und fühlen Sie, wie sich die Spannung langsam lockert.

4 Nun verfahren Sie mit der linken Hand genauso.
5 Und nun mit beiden Händen.
6 Spannen Sie das rechte Bein und den Fuß an (leicht strecken, Zehen zum Körper)! Ganz fest! Noch fester! Lassen Sie das Bein wieder locker fallen und fühlen Sie, wie sich die Spannung lockert.
7 Nun verfahren Sie mit dem linken Bein genauso.
8 Und nun mit beiden Beinen!
9 Sie sind ruhig und entspannt.
10 Spannen Sie nun Schultern, Nacken und das Gesicht an. Verziehen Sie Ihr Gesicht zu einer Maske! Fest! Noch Fester!
11 Und nun entspannen Sie sich wieder! Fühlen Sie, wie die Spannung langsam aus den Schultern, aus Nacken und Gesicht entweicht. Sie sind ruhig und entspannt.
12 Und nun spannen Sie den ganzen Körper an! Die Beine, Füße, Arme, Fäuste, Schultern, Nacken und das Gesicht – den ganzen Körper! Spannen Sie ihn fest an! Noch fester! Halten Sie einen Moment den Atem an.
13 Und dann lockern Sie alle Muskeln und fallen zurück in den Sitz. Fühlen Sie, wie die Spannung aus allen Körperteilen entweicht und Sie ganz entspannt sind. Bleiben Sie einen Moment bei diesem Gefühl der totalen Entspannung.
14 Zählen Sie langsam von zehn bis eins rückwärts. Bei eins sind Sie wieder ganz frisch und wach, öffnen Ihre Augen und atmen tief durch.

Immer etwas zum Festhalten der Idee dabeihaben

Ein indianisches Sprichwort sagt: „Ideen sind wie flinke Fische.“ Das heißt, sie sind schwer zu fassen. Ideen sind genauso schnell verschwunden, wie sie gekommen sind. Deshalb ist es nützlich, immer ein Ideenbüchlein und einen Stift oder ein Diktaphon dabeizuhaben. So können Sie auch unterwegs Ihre Gedanken festhalten.

Bewusst Zeiträume für das kreative Arbeiten ***setzen***

Das Alltagsgeschäft frisst einen oft auf, so dass keine Zeit für Kreativität bleibt. Nehmen Sie sich deshalb bewusst die Zeit, sich mit Neuem und Kreativem zu beschäftigen.

Welches „Ritual" kann den Anfang dieser Zeit kennzeichnen? Eine Tasse guter Tee?

Die Umgebung durch persönliche Symbole anregend gestalten

Es unterstützt Ihre kreativen Fähigkeiten, wenn Sie Ihre Arbeitsumgebung so einrichten, dass Sie sich wohl fühlen und angeregt werden, Neues zu entdecken – mit Bildern, Pflanzen, Gegenständen, die Sie mögen, und Erinnerungsstücken.

Richten Sie Ihre Umgebung so ein, dass Ihre Kreativität angeregt wird!

Kreative Menschen zum Vorbild nehmen

Welche Menschen bewundern Sie für ihre Kreativität und Schöpfungskraft? Wen beneiden Sie vielleicht auch darum? Nehmen Sie sich einen solchen Menschen zum Vorbild und analysieren Sie sein Verhalten:

- Was würde er in dieser oder jener Situation tun?
- Wenn ich ihn um Rat fragen würde, was würde er mir empfehlen?
- Was kann ich von ihm für mein Problem lernen?

Lernen Sie von den Kindern! Auch Kinder erlernen so spielerisch neue Fähigkeiten.

Offen sein für die Botschaften der Träume

Unser Gehirn präsentiert uns Lösungsideen oft in symbolischer Form. Wenn wir sie aufmerksam wahrnehmen und entschlüsseln lernen, steht uns eine große Quelle an kreativen Ideen zur Verfügung. So hat zum Beispiel der Chemiker Kekulé im 19. Jahrhundert nach der chemischen Struktur eines organischen Stoffes gesucht. Im Halbschlaf träumte er von einer Schlange, die sich in den Schwanz biss. Er verband dieses Bild mit seiner Problemstellung und erkannte, dass die gesuchte Struktur des Stoffes kreisförmig sein muss.

Genügend Wasser trinken

Eine gesunde Ernährung unterstützt die Denkfähigkeit des Gehirns. Besonders entscheidend ist die ausreichende Versorgung mit klarem Wasser. 2–3 Liter Wasser täglich führen dem Gehirn ausreichend Flüssigkeit zu.

- Das Gehirn „meldet" das Gefühl Durst nicht wie der Körper, so dass wir oft unterversorgt sind. Steigern Sie langsam ihren Wasser-Konsum und Sie werden nach einiger Zeit den Unterschied spüren.
- Koffein entzieht dem Körper zusätzlich Wasser.

Wenn nichts mehr geht: etwas anderes tun

Manchmal will sich einfach keine kreative Idee einstellen. Tun Sie dann einfach etwas ganz anderes und beschäftigen sich nicht mit dem Problem: Sie befinden sich vermutlich in der „Inkubationsphase" und Ihr Gehirn benötigt noch Zeit für die Lösung.

Neue Herausforderungen suchen

Um unser kreatives Potenzial zu nutzen, müssen wir uns Herausforderungen suchen: So bleibt unser Gehirn gefordert. Sonst werden wir leicht bequem und apathisch und beginnen, uns zu langweilen.

Regelmäßig neuen Input von außen suchen

Es ist wichtig, dass wir regelmäßig neue Erfahrungen machen. Das Gehirn braucht Anregung. Die Anregung von außen wird in Ihrem Gedächtnis gespeichert. Wenn Sie Ihrem Gehirn täglich neuen Input geben, regt das Ihre Erinnerungen an, so dass sie sich mit dem neuen Input verbinden. Das führt oft zu neuen Ideen oder eröffnet neue Perspektiven.

Was sind die Quellen Ihrer Inspiration? Hören Sie einen neuen Radiosender; lesen Sie eine Zeitung, die Sie noch nie gelesen haben; gehen Sie an einen ungewohnten Ort usw.

Tun sie Ungewohntes

Jeder Mensch nutzt die Hemisphären seines Großhirns auf unterschiedliche Weise. Sie können Ihre Kreativität fördern, indem Sie etwas tun, das die weniger intensiv genutzte Seite aktiviert.

Für eher rational denkende Menschen heißt das:

- Ins Blaue fahren
- Eine Bildergeschichte erfinden
- Einem Tagtraum nachhängen und ihn einem Freund erzählen
- Lücken in den eigenen Zeitplan einbauen
- Mit einem Kind spielen

- Bei der nächsten Ideensuche Ideen aufschreiben, die Ihnen verrückt, absolut unlogisch oder undurchführbar erscheinen

Für vorwiegend intuitiv denkende Menschen heißt das:

- Eine Prioritätenliste erstellen
- Den Einkauf mit einer Checkliste planen
- Jemandem eine schlüssige Erklärung des Begriffs „Struktur“ geben
- Eine Woche lang alle Ausgaben kontrollieren
- Zehn Artikel, die Sie in einer Tageszeitung lesen, mit Schulnoten bewerten
- Bei Ihrer nächsten Ideensuche nach fünf Minuten Folgendes tun:
  - Ideen ordnen/strukturieren
  - Mit Fakten unterlegen
  - Systematisch auf Schwachstellen abklopfen („Was stört mich am meisten?“)

Wenden Sie regelmäßig Kreativitätstechniken an

Je häufiger Sie Kreativitätstechniken anwenden, desto eher geht Ihnen das kreative Denken in Fleisch und Blut über.

Steigern Sie Ihre Frustrationstoleranz

Üben Sie bewusst, Zeiten auszuhalten, in denen Sie nicht weiterkommen, ohne dabei aufzugeben.

Vertrauen Sie Ihren eigenen Fähigkeiten

Wenn Sie an Ihre eigenen Ideen felsenfest glauben, werden sie oft wahr. Wie schon Walt Disney sagte: „If you can dream it you can do it!“

Wir möchten hinzufügen: „Do it now!“

5 Zum Schluss

Damit Mitarbeiter kreativ arbeiten können, sollten folgende *Grundorientierungen* beachtet werden:

- Es gibt keine Fehler, nur Gelegenheiten zu lernen.
- Es gibt nie den *einen* richtigen Weg.
- Spielerisches, aber verantwortungsbewusstes Umgehen mit Problemen führt zu kreativen Lösungen.
- Ab einem bestimmten Punkt sollte die Suche nach einer Problemlösung verschoben werden, damit das Unterbewusstsein für eine Lösungsfindung tätig werden kann.
- Kritik sollte während kreativer Prozesse nicht erfolgen.
- Ideen, die anfangs als absurd und fantastisch erscheinen, sind häufig die richtigen!
- Der Mut, sich von seiner eigenen Ansicht loszulösen und verschiedene Gedankenrichtungen auszuprobieren, ist vorteilhaft.
- Merke: Experten können „zu viele Detailkenntnisse" besitzen, um ihre Kreativität für Probleme ihres Wissensbereichs uneingeschränkt zu nutzen.
- Bilder, nicht Texte, werden bei der Lösungssuche bevorzugt.
- Umwege führen häufig zum Ziel.
- Das Offensichtliche ist meistens nicht die gesuchte Lösung.
- Assoziationen aus anderen Bereichen, die scheinbar in keinem Zusammenhang mit dem Problembereich stehen, können die Lösungsfindung unterstützen.
- Entspannung und Problementfernung können zur Lösung führen.
- Wichtig! In der Umsetzungsphase, der Implementierung einer Lösung, wird ein Höchstmaß an Perfektion und kon-

vergentem Denken (auf etwas hinführendes Denken) benötigt. Hingegen erfordert die Phase der Lösungssuche divergentes Denken (von einer Problemstellung wegführendes Denken). Der Schwerpunkt liegt dabei auf spielerischen, nicht wertenden, explorativen Fähigkeiten. Die sich dann üblicherweise anschließende kritische Würdigung und analytische Bewertung der gefundenen Lösungsvorschläge setzt dann wieder auf die Anwendung des konvergenten Denkens.

Literatur

Alle Pocket-Power-Bände, siehe hintere innere Umschlagseite.

Arthur, D. L.: Innovationen als Führungsaufgabe, Frankfurt/Main 1988

Batelle: Die Batelle-Studie, Frankfurt 1993

Brodbeck, K.-H.: Entscheidung zur Kreativität, Darmstadt 1995

Cameron, J.: Der Weg des Künstlers im Beruf, München 2001

Collins, J. C./Porras, J. I.: Visionary Companies, Visionen im Management, München 1995

Czichos, R.: Kreativität & Chaos-Management, München u. a. 1993

Csikszentmihalyi, M.:, Kreativität, Stuttgart 1997

De Bono, E.: Laterales Denken, Düsseldorf 1989

Geschka, H./v. Reibnitz, U.: Die Szenario-Technik: Ein Instrument der Zukunftsanalyse und der strategischen Planung, in: Töpfer, A./Afheldt, H. (Hrsg.): Praxis der Unternehmensplanung, 2. Auflage, Landsberg am Lech 1986

Goleman D.: Kreativität entdecken, München 1997

Kamiske, G. F./Brauer, J.-P.: Qualitätsmanagement von A–Z, 3. Auflage, München 1999

Kellner, H.: Konferenzen, Sitzungen, Workshops effizient gestalten: Nicht nur zusammensitzen, München 2000

Kirckhoff, M.: Mind-Mapping: Die Synthese von sprachlichem und bildhaftem Denken, Berlin 1989

Knieß, M.: Kreatives Arbeiten, München 1995

Koestler, A.: Der göttliche Funke: Der schöpferische Akt in Kunst und Wissenschaft, Bern 1966

Ladensack, K.: Kreativität im Management, Heidelberg 1992

Linde, H.-J.: Erfolgreich erfinden: Widerspruchsorientierte Innovationsstrategie für Entwickler und Konstrukteure, Darmstadt 1993

Linneweh, K.: Kreatives Denken, Rheinzabern 1984

Luther, M./Gründonner, J.: Königsweg Kreativität, Paderborn 1998

Michalko, M.: Erfolgsgeheimnis Kreativität: Was wir von Michelangelo, Einstein & Co lernen können, München 2001

Nütten, I.: Die anonymen Kreativen, Wiesbaden 1988

Schaar, H.: Die ganzheitliche Unternehmensentwicklung unter den Aspekten des TQM, in: Kamiske, G. F.: Unternehmenserfolg durch Excellence, München 2000

Scheidlin, V.: Kreativität: Das Handbuch für die Praxis, Zürich 1993

Schlicksupp, H.: Innovation, Kreativität und Ideenfindung, Würzburg 1999

Schlicksupp, H.: Kreativitätstechniken: Handwörterbuch Planung, Stuttgart 1998

Schlicksupp, H.: Produktinnovationen: Wege zu innovativen Produkten u. Dienstleistungen, Würzburg 1988

Seiffge-Krenke, I.: Probleme und Ergebnisse der Kreativitätsforschung, Bern 1974

Springer, S. P./Deutsch, G.: Linkes – rechtes Gehirn: Funktionale Asymmetrien, Heidelberg 1993

Svantesson, I.: Mind Mapping und Gedächtnistraining, Bremen 1993

Swillims, W.: Die Strategie der schöpferischen Distanz, Wiesbaden 1993

Ulmann, G.: Kreativität: Neue amerikanische Ansätze zur Erweiterung des Intelligenzkonzeptes, Weinheim 1968

Vester, F.: Phänomen Stress, Stuttgart 1998

Wagner-Link, A.: Aktive Entspannung und Stressbewältigung, Ehingen 1991

Watzlawik, P. (Hrsg.): Die erfundene Wirklichkeit, 3. Auflage, München 2000

Watzlawik, P./Weakland, J. H./Fisch, R.: Lösungen, Zur Theorie und Praxis menschlichen Wandels, 5. Auflage, Bern 1992